미국을 달리다

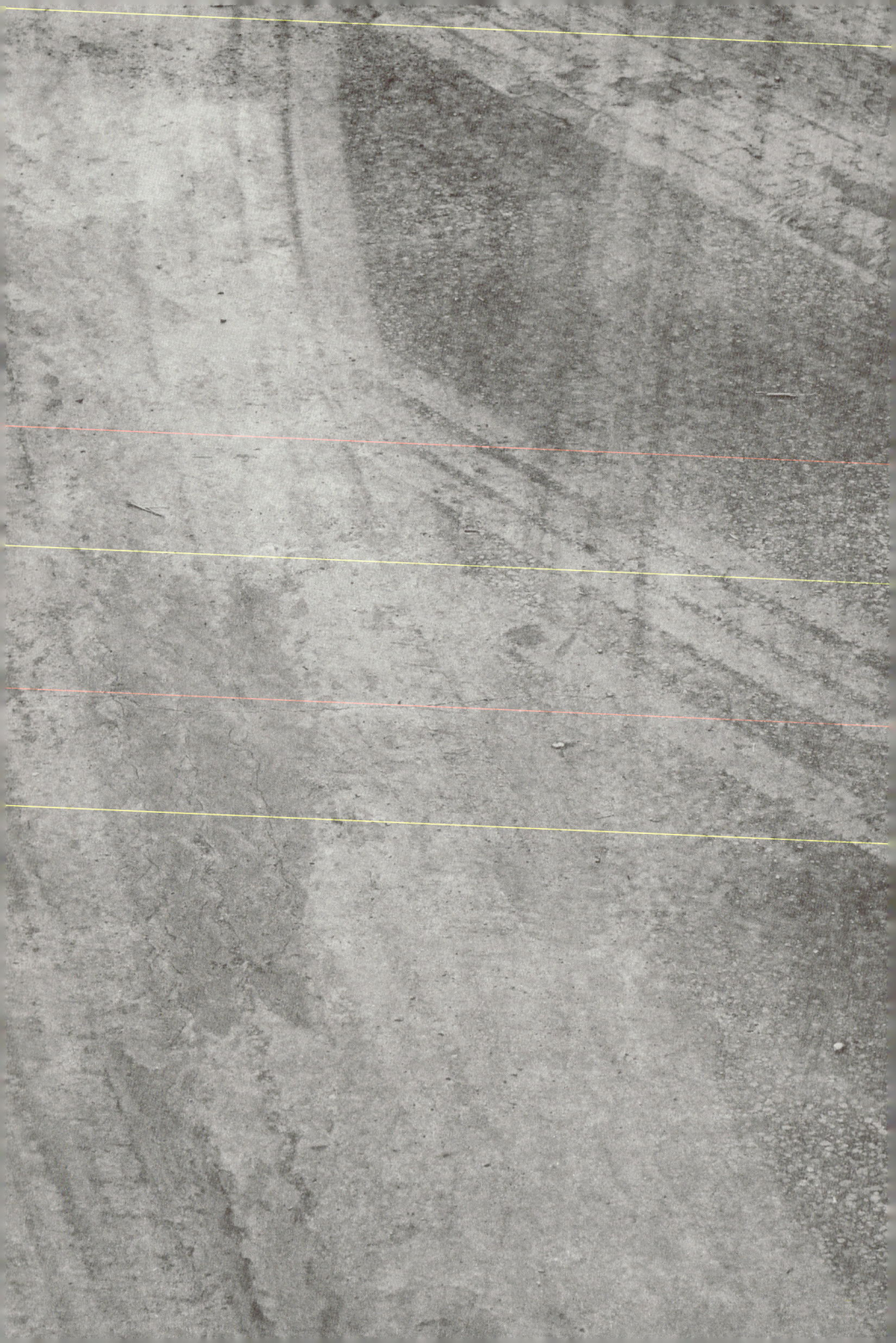

미국을 달리다

꿈을 향해 떠난 지훈아울의 첫 번째 로드 트립 이야기

글·사진 **양지훈**

알에이치코리아

CONTENTS

프롤로그 /06

CHAPTER 01
직장을 떠나다

Episode 01   모든 것은 그림에서 출발된다 /12
Episode 02   어차피 내가 살 수 있는 건
             오늘 하루 /17
Episode 03   미국 대륙 횡단을 꿈꾸다 /21
Episode 04   그림을 그리는 건 자유다 /27
Episode 05   그림이 현실로 다가오는 순간 /31

CHAPTER 02
미국을 달리다

◎ Route 1   Los Angeles ~ Dallas

Episode 01   가장 중요한 여행 준비 /41
Episode 02   혼자서 하기 힘든 일 /49
Episode 03   첫 번째 운전 파트너를 구하다 /54
Episode 04   투산에서 맞이한 '최후의 만찬' /58
Episode 05   뉴멕시코 외딴 마을의 하룻밤 /66
Episode 06   응답하라 보이즈 투 맨 /70
Episode 07   화이트 샌드를 달리다 /74
Episode 08   하얀 세상에 홀로 앉아 /80
Epispde 09   산타페에서의 첫 회식 /86
Episode 10   '발운전'을 하다 /90
Episode 11   매춘하는 자들에게 손가락질
             하지마라 /93

◎ Route 2   Dallas ~ Key west

Episode 12   댈러스 공짜 숙소가 없어지다 /99
Episode 13   미시시피 강변의 연인 /104
Episode 14   조화와 공존의 도시 샌안토니오 /112
Episode 15   배를 타고 바다를 건너,
             'Wetland'로 /118
Episode 16   뉴올리언스에 달이 뜨면 /123
Episode 17   아루바 자메이카 /130
Episode 18   미국의 끝에서 울고 있는
             소녀를 지나치다 /136

◉ Route 3 Key west ~ Chicago

Episode 19 추억의 영화 속을 달리다 /147
Episode 20 친구 집에 묵어간다는 것 /152
Episode 21 돌아오지 않는 여행을 떠난 이들 /158
Episode 22 배리, 빌리와 함께
          맨해튼을 걷다 /164
Episode 23 국경을 넘는 두 남자 /176
Episode 24 믿음은 절실함에서 온다 /182

◉ Route 5 Yellowstone ~ Los Angeles

Episode 34 하이웨이 투 헬 /247
Episode 35 눈보라는 죄가 없다 /251
Episode 36 호기심이 길을 만든다 /255
Episode 37 서북단을 찍고 다시
          캘리포니아로 /262
Episode 38 내 눈에는 거대한 콘서트 장,
          레드우드 /266
Episode 39 미국에서 운전할 때
          조심할 사항 1 /272
Episode 40 미국에서 운전할 때
          조심할 사항 2 /278
Episode 41 캘리포니아 1번 도로 /284
Episode 42 독립 뮤지션이 할 수 있는 일 /289
Episode 43 내가 만든 노래야, 한 번 들어봐 /293
Episode 44 캘리포니아 1번 국도,
          첫 번째 로드 트립의 회상 /304
Episode 45 여정의 끝, 돌아가지 않기로
          결정하다 /310

◉ Route 4 Chicago ~ Yellowstone

Episode 25 시카고, 낯선 이와의 조우 /191
Episode 26 진정으로 하고 싶은 일을
          찾는다는 것 /198
Episode 27 음악에 이끌려 친구에 이끌려 /204
Episode 28 CD를 팔아 캔자스시티까지 /208
Episode 29 다시 길 위의 사색 속으로 /214
Episode 30 나는야 로드 트립 중독자 /220
Episode 31 순항을 만드는 건 계획이
          아닌 여유 /224
Episode 32 진정으로 떠나보지 않으면
          깨닫기 힘든 것 /230
Episode 33 갈 데까지 가 보다 /238

CHAPTER 03
로드 트립이 삶이 되다

Episode 01 실패할 준비가 되어 있는가 /322
Episode 02 할리우드에서 성공하려면 /328
Episode 03 당신도 곧 떠나게 될 것이다 /334

에필로그 /340

05

PROLOGUE

서두에 무슨 말을 써야 할까 고민을 했습니다. 예의 상 자기소개를 써야 하지 않을까 생각도 했지만, 곧 그럴 필요가 없다고 느꼈습니다. 어차피 제가 누군지는 이 책을 읽는 데에 있어 그리 중요한 부분이 아니기 때문입니다.

이 책은 큰 성공을 맛보거나 특별히 이루어 놓은 업적 하나 없던, 한 10년차 회사원이 언젠가 꼭 해 보고 싶었던 일을 제대로 시작하기 위해 완전히 새로운 삶을 살기로 결심하며 어느 날 홀연히 떠난, 그런 평범한 '로드 트립' 이야기입니다. 마음속에 꼭 해 보고 싶은 일이 있으면서도, 용기가 없어서 혹은 다른 이유로 그 꿈을 향해 떠나지 못한 채 쳇바퀴 같은 삶을 살고 있는 사람이라면 누구나 이 이야기의 주인공이 될 수 있다고 생각합니다.

제가 어린 시절부터 좋아했던 한 팝송 가사에 이런 표현이 있습니다.

Do what you say
Say what you mean
Or one thing leads to another

말한 것을 실행에 옮기고, 진심을 말해라
그러지 않으면 당신은
그 연쇄작용을 감당할 수 없다

The Fixx
Reach the Beach
One Thing Leads to Another / 1983

이런 심정으로 주변에 내가 진정으로 원하는 것에 대해 말하기 시작했고, 말한 것을 실행에 옮기려고 노력하며 살다보니, 직장도 일찍 떠나게 되고, 혼자서 팝송 음반도 내게 되고, 넓은 미국도 자동차로 한 바퀴 돌게 되고, 이렇게 책까지 쓰게 되었습니다.

책을 읽으시려는 독자분들께 한 가지 드리고 싶은 당부 말씀이 있습니다.
이 책엔 많은 미국 이야기들이 나오는데요. 한국 사회에서 '미국'이란 단어만큼, 다양한 편견을 갖도록 하는 대상도 드문 것 같습니다. 이 책을 읽으실 때만큼은 한 번 그런 편견들을 모두 내려놓아 봤으면 합니다. 이건 심각한 내용이 아닌, 그냥 '로드 트립' 이야기니까요.

PROLOGUE

제가 우려하는 편견의 연쇄작용은 이렇습니다.
첫째는 '자신의 의견을 단정적으로 말하는 것'
둘째는 '그런 의견을 한 가지 관점으로 비판하는 것'
셋째는 '단정과 비판의 과정을 통해, 이 사람과 나는 다르다며 단절을 선언하고 행동에 반영하는 것'

그럴 수도 있지만, 그렇지 않은 경우도 항상 있습니다.

그것이 단정의 함정이라고 생각합니다. 사실, 저도 말이 많고 단정적인 편이라 평소에 말을 가급적 적게 하려 노력하지요.

그래서 저는 음악을 만드는 걸 좋아합니다. 특히 가사를 쓰는 과정.
노래 가사를 만드는 일은, 하고 싶은 수많은 말들을 짧게 줄이는 과정이기 때문입니다. 적게 말할수록 편견이 생길 가능성이 줄어든다고 생각합니다. 편견을 줄이면 '하나'가 될 수 있다고 믿습니다.

애초에 한국어를 쓰건, 영어를 쓰건,
피부가 하얗건, 노랗건, 검건,
돈이 많고 적건, 어떤 종류의 직업을 가지고 있건,
어차피 사람은 다 사람이고, 서로 그다지 다르지 않은 '하나'인데 말이죠.

편견을 가진 채로 남을 단정하고 다름을 선언하는 순간, 사람들은 서로를 다르게 보게 되며 그때부터 마음에 두려움이 깃들기 시작합니다. 이 세상에서 그런 마음들이 조금이라도 줄어들 수 있다면 정말 좋겠습니다. 그러기 위해 저는 편견을 줄여야 한다고 믿습니다. 편견과 두려움은 무지에서 옵니다. 알고 보면 다 마찬가지, 사람 사는 곳이고, 사람 사는 일입니다.

편견과 두려움을 버리고 자유롭게 떠나는 '로드 트립' 되시기 바랍니다.

I'm not a magician, I'm just a musician.

그럴 수도 있지만, 그렇지 않을 수도 있습니다.

2014년 가을, 할리우드에서
지훈아울 JihoonOwl

Episode 01

모든 것은 그림에서
출발된다

2013년 1월 1일, 미국, 캘리포니아 로스앤젤레스, 그로브 몰 주변 한 아파트.

'이게 과연 가능할까?'

난 또다시 이상한 그림을 그리고 있다. 아니, 그림이라기보다 그냥 인터넷 지도에다 점 몇 개를 찍어 놓고, 경로를 이래저래 고쳐 그리고 있는 중이다. 이 짓을 한 지 30분도 넘었다. 조금씩 바뀌는 그림이 거기서 거기처럼 보이지만, 사소한 경로 변경에 얼마나 많은 디테일이 바뀌게 될까를 생각하면 신중하지 않을 수 없다. 언제 또다시 이곳을 다시 방문할 수 있을까 하는 생각까지 더해지니 조그만 경로 변경에도 운명이 크게 바뀌는 마냥 한껏 심각해진다. 지구라는 별에 내려온 지 40년

묶은 '나'라는 생명체. 그동안 더불어 살며 경험한 꼬락서니를 곱씹어 볼 때, 이제는 어느 정도 예상되는 패턴이 있다. 살면서 가끔 찾아오는 뭔가가 오는 듯한 순간. 바로 지금과 같은 순간 말이다. 묘한 몰입감이 느껴지는 이 순간은 조만간 뭔가 내 인생에 있어 일어나는 중요한 일로 연결된다. 그리고 그 일의 전조는 아무리 몰입해도 지겹지 않은 지금과 같은 그림그리기 과정이다.

나이 마흔에 나름 괜찮은 직장 내팽겨 치고, 아무 연고도 없는 미국 LA란 도시로 훌쩍 건너간 사고를 친 것도, 이런 그림 하나에서 출발되었다.

2006년 가을, 대한민국 서울시 종로구 파이낸스 센터 17층.

토톡톡톡톡톡, 타타탓탓탓, 딜릿딜릿딜릿……

깨알 같은 글씨와 그림들로 뒤덮인 보고서와의 전쟁. 도대체 헤드라인 두 줄을 쓰기 위해 벌써 몇 십 분째 혼자 씨름하고 있는겐가. 그 무슨 대단한 명작을 남기겠다고. 어차피 보고할 때엔 별로 주목받지 못한 채 순식간에 넘어갈 슬라이드 한 장의 헤드라인에 막혀 오늘도 거의 밤을 새다시피 하고 있다.

'아. 난 왜 이렇게 국어가 안 될까? 에잇!'

짜증 가득한 혼잣말로 스스로를 조롱하며, 신경질적으로 의자를 박차고 일어나 또다시 원두커피 머신이 있는 탕비실로 향한다. 오늘 저녁만 해도 벌써 세 번째. 언제나 누르는 똑같은 버튼 '블랙커피'. 커피를 내리는 1분의 시간, 그 짧은 시간 동안에도 나의 머리는 여전히 쉬지 않고 계속해서 헤드라인 두 줄 사이에서 맴돌고 있다.

'…라는 전략적 관점에서 바라볼 때 본 회사의 향후 방향성은…….'

전략, 관점, 방향성이라. 아, 이 얼마나 참신하지 못한 추상적 멘트들인가. 이런 추상적인 단어들로 도대체 무슨 감동을 전달할 수 있단 말인가. 애당초 회사 보고서에 참신함, 감동이라는 단어들과 결부된 노력이 가당키나 한 것인가. 아니 감동은 고사하고 제대로 눈길 한 번 받기조차 힘들 두 줄의 글을 위해, 커피를 마시러 와서까지 계속 어쭙잖은 퇴고질로 머릿속을 쉴 틈 없이 어지럽히고 있는 나는 도대체 여기서 뭘 하고 있는 걸까.

이미 안드로메다로 떠나버린 집중력, 저항하기엔 너무 강렬한 '케냐 더블 에이' 향의 유혹에 못 이긴 척, 결국은 돌아온 내 자리에서 잠시 딴 짓을 하기로 맘먹는다. 마치 사장 자리인 양 의자 깊숙이 몸을 파묻고 책상 위에 발을 올려 본다. 나 홀로 야근이 주는 특권. 며칠 전부터 책상 한편에 놓여 있던 책 한 권으로 손을 뻗는다. 언젠가 점심 후 회사로 바로 돌아오기 싫어 무심코 들린 서점에서 저자나 내용에 대한 사전 정보 하나 없이 순전히 맘에 드는 제목과 타이포, 적당한 두께 때문에 충동 구매한 책《캘리포니아》김영주 저.

책갈피가 갈라낸 페이지에서는 마침 LA 서쪽 산타모니카라는 곳에서 말리부로 향하는 해안도로가 펼쳐졌고, 작가는 그 위를 자동차로 달리며 '아메리카 America'라는 70년 대 포크록 밴드의 '벤투라 하이웨이 Ventura Highway'를 듣고 있었다. 어떤 노래인지 궁금해진다. 책장을 잠시 덮고, 요즘 한창 뜬다고 하는 동영상 검색 서비스에 제목을 쳐봤다. 다행히 뜨는 동영상 하나가 있다. 화질 구린 오래 된 라이브 영상이지만 상관없다. 음악만 들을 수 있다면.

클릭! 다시 사장 자세로 돌아가, 눈꺼풀을 내려 주위를 둘러싼 칙칙한 회사 인테리어를 완전히 가려버린 후, 이어폰을 통해 들려오는 음악과 함께 몇 분 전에 나의 집중력을 먼저 떠나보낸 바로 그 안드로메다로 나 자신을 떠나보내기 시작했다.

Ventura highway in the sunshine
Where days are longer
The nights are stronger than moonshine
You're gonna go I know

태양 아래 벤투라 하이웨이
낮은 더 길고, 밤은 달빛보다 강렬한 그곳
난 알고 있지
네가 그 곳으로 가게 될 거라고

America
Homecoming
Ventura Highway / 1972

경쾌한 포크 기타 스트로크 위에 펼쳐지는 메이저 세븐 코드 하모니, 그 위를 타고 노는 몽롱한 느낌의 보컬 멜로디를 배경으로, 말리부의 해안도로가 마치 자주 가봤던 곳인 것처럼 또렷한 풍경으로 내 머릿속에 그려지기 시작했다. 그리고 노래의 마지막 부분은 마치 나를 그곳으로 이끄는 강력한 마법의 주문처럼 내 머릿속에 에코로 남아 새겨지고 있었다.

안드로메다로 가는 짧은 3분 여행이 음악과 함께 끝났다. 눈을 떠 지구로 귀환하자마자 곧바로 곁에 있던 화이트보드로 다가갔다. 그리고 보고서 작성을 위해 깨알같이 적어둔 낙서 한쪽을 지워내고 그 자리에 그림 하나를 그려 넣었다.

Episode 02

어차피 내가 살 수 있는 건
오늘 하루

살면서 영화를 몇 편이나 보게 될까? 궁금해서 영화를 볼 때마다 짤막하게 영화를 본 기록을 남겨 본 적이 있다. 유난히 영화를 좋아하는 편이라 혼자 영화관도 자주 가고, DVD로도 많이 챙겨보는데, 평균 한 달에 5, 6개의 영화를 꾸준히 보고 있는 패턴을 확인하고는 스스로 꽤 놀랐던 기억이 있다. 스무 살부터만 계산해도 대충 천 편이 훨씬 넘는 영화를 본 셈.

그 많은 영화 중 몇 편이나 내 기억 속에 남아 있을까. 스토리도 배우도 심지어 제목마저도 잘 생각나지 않는 영화들이 대부분이다.

하지만, 유난히 기억에 남는 영화들이 있다. 그런 영화는 보고 나서 보통 뭔가 결심을 하게 만든다. 어렸을 적엔 〈로보트 태권브이〉를 보고 나서 과학자가 되겠다고 선언했지만 부모님은 그냥 태권도장을 보내주셨고, 사춘기 시절엔 미성년자 관람불가 영화 〈007 네버세이 네버어게인〉을 단속이 허술한 삼류 극장에 잠입해 벌렁거리는 가슴을 안고 관람한 후, 언젠가 스파이란 직업을 꼭 한번 해봐야겠다는 생각을 한 적도 있었다. 이런 대부분의 결심들은 실현되지 않은채, 바쁜 일상 속에서 추억의 한켠 속에 묻혀 점차 잊혀져 갔다.

하지만 〈벤자민 버튼의 시간은 거꾸로 간다〉라는 영화는 달랐다. 살면서 이토록 심각하게 영화를 본 적도, 보고 나서 이렇게 오랫동안 내용을 곱씹었던 적도 없었던 것 같다.

80세의 육체를 가지고 태어난 한 인간이 거꾸로 나이를 먹어가며 점점 젊어지다 마지막엔 갓난아기의 모습으로 세상을 떠난다는 이야기. 어떻게 보면 그냥 재미난 발상에서 출발한 허무맹랑한 스토리의 영화다. 하지만 이 영화의 메시지는 나에게 숙명적으로 와 닿아 버렸다. 그리고 그렇게 느끼게 만든 결정적 장면이 하나 있었다.

영화속 남녀 주인공인 벤자민과 데이지. 만날 때 마다 서로 호감은 느꼈지만 신체적 나이를 극복하지 못한 듯 서로 엇갈린 삶을 살아오다 신체 나이가 비슷해지며 불같은 사

007 네버세이 네버어게인(1983)
벤자민 버튼의 시간은 거꾸로 간다(2008)

랑을 나누는 순간이 나온다. 이 때 이들의 극 중 나이는 44세. 이 영화가 말하는 인생의 하이라이트는 낭랑 18세도, 꽃다운 20대도 아닌, 바로 44세였다.

44세라. 중년의 위기. 수많은 책임감에 눌려 찌든 채 살아가는, 도통 '재미'나 '열정'이란 단어와는 아무리 생각해봐도 어울리지 않는 바로 그 나이 44세. 그런데 이 영화에서는 요트를 타고 불같은 사랑을 나누며 드넓은 바다로 함께 여행을 떠나는, 삶의 욕망과 꿈이 마구 터져 나오는 인생의 정점으로 묘사하고 있었다.

그리고 영화 막판 즈음에 늙은 데이지가 죽음을 앞두고 딸에게 던져주는 한 대사는 뭔가 한 대 얻어맞은 듯한 표정으로 온통 영화에 몰입하고 있던 나의 뒤통수를 다시 한 번 가격하였다.

"살아가면서 너무 늦거나 너무 이른 건 없어. 넌 뭐든지 될 수 있지. 꿈을 이루는 데 시간제한은 없단다. 지금처럼 살아도 되고 새 삶을 시작해도 돼."

영화는 그렇게 끝났지만, 내 머릿속의 생각은 멈추지 않았고, 이 마지막 대사는 또다시 머릿속에서 에코처럼 울려대기 시작하였다.

'새 삶을 시작해도 돼. 새 삶을 시작해도 돼'

시간이 거꾸로 흐르든, 바로 흐르든 결국은 인간에게 제일 중요한 날은 매일 아침 눈을 뜬 바로 '오늘'이 아닌가. 나이가 든다는 것이 어차피 매일매일 주어지는 오늘을 살 수밖에 없는 인간에게 도대체 어떤 의미가 있단 말인가. 영화 속의 주인공은 나이가 들수록 육체가 젊어지며 더 많은 모험으로 가득한 여행을 떠나게 되는데, 어차피 늙어가나 젊어지나 한 번 살다 죽는 유한한 인생이라면, 육체적으로 허락하는 한 '오늘' 내가 두려워서 못할게 뭐가 있단 말인가.

'언젠가 좀 한가해지면'이라고 차일피일 미루는 그날도 어차피 오늘과 그리 다르지 않을 하루에 불과할 텐데. 인생에 있어 언젠가 오는 그날보다는 오늘 이 순간을 어떻게 만들어나가는가가 훨씬 더 중요한 것 아닐까. 한치 앞을 알 수 없는 게 인생인데. 어떻게 될지 알 길 없는 '언젠가'에 대한 걱정과 대비를 한답시고 오늘을 온전히 볼모 잡힌 채 하루하루를 대충 보내며, 그냥 막연히 난 열심히 살고 있다고 착각하고 있는 게 아닐까.
　데이지의 유언대로, '이대로 살아도 되지만, 새 삶을 시작해도 될 것 같다'는 생각이 들기 시작했다. 그리고 그 생각은 점점 커져만 갔다.

Episode 03

미국 대륙 횡단을
꿈꾸다

2011년 1월 첫째 주 월요일, 경기도 분당 소재 회사 건물 11층.

마흔 한 살이 되는 새해 첫 출근 날, 평소 보다 조금 더 일찍 나와 내 자리에 앉았다. 나름 열심히 차근차근 준비해온 새로운 인생의 출발을 알리는 피스톨의 방아쇠를 당기기 직전이다. 회사를 그만두겠다는 내용과 그 사유에 대한 이메일 작성을 끝냈다. 이제 엔터 버튼만 누르면 마치 기차 선로가 철커덕하고 바뀌듯, 10년 넘게 평범한 회사원으로 살아온 내 인생의 방향은 새롭게 설정된 경로로 걷잡을 수 없이 치닫게 된다. 이 돌이킬 수 없는, 아니 돌이키고 싶지 않은 마법의 버튼을 누르기 직전 나는 크게 심호흡을 하였다. 그리고 정성스럽게 오른쪽 검지를 쳐들어 마우스 버튼을 지그시 누르며 두 눈을 감았다.

그로부터 30분 후, 직속상관으로부터
면담 요청이 들어왔다.
그리고 1개월 후, 나는 회사를 떠났다.
다시 1개월 후엔 한국을 떠나 바다를 건넜다.
그로부터 1년 반 후, 미국에서 내가 만든
팝송 음반을 발매하였다.

이 모든 건 그림 하나에서 시작된 일이다. 하지만 언제나 그렇듯 그림은 항상 변한다. 그리고 그 그림으로 인해 도달한 현실의 끝자락에서 처음 그림을 다시 바라볼 때면, 어떻게 저런 무모한 그림을 그릴 생각을 했나 싶은 생각이 항상 든다. 어쨌든 분명한 건 그 그림이 없었다면 여기까지 올 수 없었다는 사실. 그렇게 그림은 항상 꿈을 향한 단서와 의지가 되고 나를 미지의 세계로 부른다. 그리고 지금 나는 나를 여기로 이끈 그 옛 그림을 머릿속에서 지워내고 또다시 새로운 그림을 그리고 있다. 이번 그림은 나의 또 하나의 인생 버킷리스트, '미국 대륙 자동차 횡단'. 이 그림이 이번에는 나를 또 어떻게 이끌지 알 수 없다. 그리고 처음 그림을 그릴 때면 언제나 그렇듯, 머릿속에는 온통 부정적인 생각들, 그리고 그로 인해 생겨나는 의심과 두려움들로 가득 차 있다.

많은 사람들이 한 번쯤 꿈꿔보는 로망, 미국 대륙 횡단. 단어는 멋지지만 생각해보면 실행에 옮기기 만만치 않은 장애물들이 나온다. 그리고 그 장애물은 날 두렵게 만든다. 두려움은 보통 그 대상이 뭔지 잘 모르는 무지의 상태로부터 생겨난다. 뭔지 잘 모른 채 상상만 하면 두려움은 점점 더 커져만 간다. 그러므로 두려움을 이기기 위해서는 그에 맞서 구체적으로 하나하나 따져봐야 한다. 그러면 대부분의 경우는 그 대상이 생각했던 것만큼 두렵지 않다는 걸 알게 된다.

그런 희망을 가지고 작업에 착수했다. 우선 단어 자체를 잘 생각해보았다. 의미상으로 '편도 여행'이다. 그것도 자신이 살고 있는 곳과 엄청 멀리 떨어진 곳으로 자동차를 몰고 가야 하는 여행. 사는 곳을 옮기는 이사가 아닌 다음에야 출발한 곳으로 어떻게든 돌아와야 할 텐데, 이에는 두 가지 방법이 있다.

첫 번째는 비행기를 타고 돌아오는 방법. 이때엔 차를 버리고 오기 위해 자동차를 렌트해야만 한다. 이 렌터카 비용과 비행기 비용을 어림잡아 계산해 보면, 2주 정도의 편도 렌터카 비용 약 3,000불. 비행기 편도 비용이 인당 약 500불이다. 거

기에 기름 값 1,000불 1,000km 달리는 데 약 200불 들고, LA에서 뉴욕까지의 거리는 약 5,000km 숙박비, 식비 등 기타 경비는 하루 평균 150불 이하는 힘들어 보인다. 두 명을 기준으로 보수적으로 계산해 보니 총비용이 7,000불 정도. 즉, 한국 돈으로 800만 원 정도가 들어가는 여행이다. 운전 파트너와 비용을 나눈다면 인당 약 400만 원. 생각보다 큰 돈은 아니지만, 비경험자가 스스로 추정해 본 숫자에 믿음이 갈 리가 없다. 분명 이보다 훨씬 더 들것이라는 의심이 사라지지 않는다.

그리고 의심을 더욱 더 공고하게 만드는 것이 곧이어 뒤를 잇는 불평이란 놈이다. 이 거금을 들여서 고작 할 수 있는 여행이라는 것이, 소형 자동차를 빌려 짐을 잔뜩 꾸겨 넣은 채 달려야 하는 고상하지 못한 여정이다. 식사도 대부분 값싼 햄버거로 때워야 하고, 숙소도 싸구려 자동차 모텔의 삐걱거리는 침대 신세를 벗어나기 힘들다. 도착하는 지역에서 만나 우리를 유혹할 수많은 볼거리들도 입장료가 비싼 것들은 거기까지 가서 눈 딱 감고 지나쳐야만 하는 형국이다.

그래도 '일생 한 번 하는 여행인데'하며 조금씩 더 써서, 렌터카는 컨버터블, 하루에 한 끼 정도는 칼질해주고, 이틀에 한 번 정도는 멋진 경치에 물 좋은 수영장도 있는 호텔에서 머무르며, 지역마다 중요한 명소와 이벤트를 꽤 좋은 좌석으로 예약하는 등 옵션들을 추가하다 보면 비용은 어느새 배로 늘어나 있다. 이렇게 하더라도 그다지 럭셔리 여행이라고 볼 수도 없는데 말이다. 세상에, 이 돈을 들여서 왜 이런 여행을 하려는 걸까. 부정적인 생각이 더욱 커져만 간다.

Episode 04

그림을 그리는 건
자유다

또 다른 경우는 내 자동차로 미 대륙을 왕복 횡단하는 것.

자기 차가 미국에 있는 경우, 이 옵션을 생각해 보게 된다. 자기 차가 있으면 떠나기는 훨씬 쉽다. 기름 탱크가 비어있지만 않다면야, 차라는 것이 밟으면 가는 거 아닌가. 하지만, 이 역시 만만치 않은 걱정들을 떠올리게 만드는데, 그 이유는 아이러니하게도 이 차가 바로 남의 차가 아닌 '내 차'라는 데에 있다.

자신의 자동차로 미국 횡단을 하게 되면, 차를 대륙 반대편에 버려두고 올 수 없는 노릇인지라, 다시 차를 끌고 돌아와야만 하고 이때 모든 것은 두 배로 늘어난다. 기간도 두 배, 그에 따른 제반 비용도 두 배. 비행기로 돌아올 경우의 비행기 표 값을 우습게 뛰어 넘는다. 게다가 비용 외에 많은 걱정거리도 늘어난다. 다시 말하면 내 차이기 때문이다.

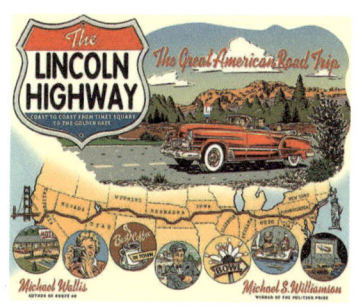

링컨 하이웨이 : 출처 '2011 book The Lincoln Highway'

　　미국에서 대륙 횡단 거리를 이야기할 때 보통 기준이 되는 도로가 있다. 미국 최초의 코스트 투 코스트 고속도로 Coast to coast highway 링컨 하이웨이. 뉴욕과 샌프란시스코를 잇는 이 도로의 길이가 약 3,400마일약 5,500km이다. 이 도로 기준으로만 계산해도 왕복 거리는 10,000km가 훌쩍 넘는다. 10,000km는 보통 한국에서 영업용 차량이 반 년 정도에 걸려 달리는 거리다. 이 거리를 짧게는 몇 주 안에, 길게 잡아도 한두 달 만에 달려야 하는 상황. 같은 양의 음주도 짧은 시간에 마시는 폭음이 사람 몸에 더 무리가 되듯, 단기간 과다 거리 주행은 차량 수명을 단순 감가상각 기간 이상으로 단축시킨다. 내 차인데 말이다! 게다가 각종 소모품의 교체도 이 여행 도중 발생한다. 엔진오일 두 번 이상 교체는 기본이고, 타이어, 브레이크 패드 등 안전을 위한 필수 부품들도 교체해야 할 가능성이 높다. 게다가 미국에서 차량 정비를 맡기면 몇 시간 만에 후딱 되는 경우는 거의 없다. 정말 운이 좋으면 하루 만에 끝나기도 하지만, 외딴 곳에서 잘못 걸리면 일주일 만에 차를 찾게 되는 경우도 발생할 수 있다.

 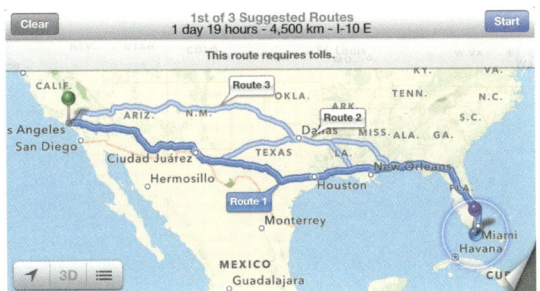

이동 경로 옵션에 대한 고민

　　비용이나 위험과 같은 기본적 문제 외에, 막상 미국 대륙을 자동차로 왕복하려 하니 고민이 무척 되는 부분이 또 하나 있다. 바로 경로의 문제. 비용만 생각하면 최단거리 왕복이 맞겠지만, 수천 킬로미터가 넘는 거리를 달려갔다가 또다시 그 길로 돌아온다? 생각만 해도 지겨워서 토가 쏠릴 지경이다. 그래서 가는 길과 오는 길을 다르게 잡기 위해 조금만 다른 곳으로 이동점을 찍었더니 이번엔 이동거리가 수백 킬로미터는 우습게 늘어난다. 넓디넓은 미국 땅덩어리. 도시 간 이동에도 다른 경로를 잡는 순간 기본적으로 수십 킬로미터의 차이가 생기는데, 대륙 횡단은 오죽하겠는가. 거리가 늘어나면, 그만큼 기름 값에 숙식비에, 모든 게 함께 늘어난다. 결국 다 시간이고 돈이다.

　　따져보면 볼수록 두려움이 사라지기는커녕 늘어만 간다. 이러다가 다들 못 갔던 걸까? 그러다 문득 이런 생각이 들었다. 과연 이렇게 부정적으로 따지고 앉아 있는 게 맞는 걸까? 그림그리기와 함께 잠시 생각을 멈췄다. 밖으로 나가 동네를 한 바퀴 걸었다. 하늘을 바라보며, 그곳을 자유롭게 날아다니는 새들을 바라보며, 내 마음 속에 드리워 있던 의심과 두려움을 하나씩 걷어내 보았다. 그랬더니 그 자리에 다른 엉뚱한 생각이 들어오기 시작했다.

에라, 모르겠다. 그래도 일단 그림이나 신나게 그려 보자. 자유롭게 그려본 다음 다시 생각하자. 기왕 그리는 그림. 포부도 넓게 미국을 아예 한 바퀴 돌아보면 어떨까. 보고 싶은 친구들도 다 만나고 말이야. 어차피 돌아올 거라면 화끈하게 뺑뺑 돌면서 가고 싶은 곳 다 찍어 보는, 제대로 미국 한 바퀴 여행!

집으로 돌아와서 다시 그림을 그리기 시작했다. 이번엔 비용이고 방법이고 뭐고, 나를 부정적인 생각과 두려움으로 사로잡는 요소들을 다 외면한 채, 순전히 내가 그리고 싶은 대로 그려보았다. 거리와 걸리는 시간이 미친 듯이 늘어만 간다. 그 늘어가는 숫자를 따라 나도 미쳐갔다. 그림만 쳐다보고 있어도 좋아서 웃음이 피식 피식 나왔다.

어쨌든, 그림을 그리는 건 자유니까.

Episode 05

그림이 현실로 다가오는 순간

Mulder_ You watch me, watch this happen!
　　　　Your days are numbered!
　멀더_ 두고 봐, 꼭 그렇게 될 테니까!
　　　　너 살 날 얼마 안 남았어!

X-File Season 5 : Episode 20. 'The End'

'이게 과연 가능한 그림일까?'

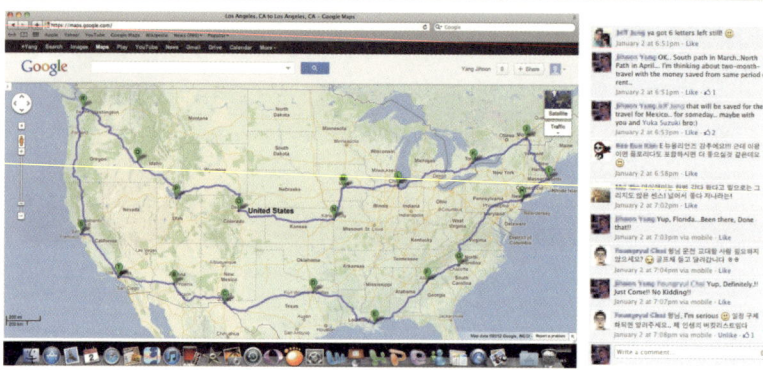

여행경로에 대한 페이스북 반응

도저히 가능할 것 같지 않다. 커질 대로 커진 그림. 도대체 실제 경비는 얼마나 들고, 다시 돌아오는데 며칠이 걸릴까. 도무지 감이 잡히지 않는다. 그리고 그 긴 기간 동안 누가 나와 함께 동행을 해 줄 것인가. 최소 한 달 이상은 잡아야 하는 일정인데, 그 기간 동안 자신의 일상을 접어두고 큰 비용을 공동부담하며 이 미친 일정에 동참해줄 사람을 도대체 어디서 구한단 말인가. 못 구한다면 나 혼자 운전을 해야 할 판인데, 과연 며칠이나 버틸 수 있을까? 중간에 병이라도 걸린다면? 그러면 내가 포기하게 될까? 아픈 상태라면 정말 운전하기 싫을 것 같은데…….

옷가지는 얼마나 가져가야 하나? 마이애미 해안도로와 로키산맥을 넘어가는 산악도로의 날씨는 하늘과 땅, 아니 바다와 산만큼의 차이일 텐데, 사계절 옷가지를 다 챙겨야 하는 건가? 그 짐들을 내 차에 다 실을 수나 있나? 세상에, 여행 끝나면 내 자동차는 완전 걸레가 되어 있겠군.

그림을 쳐다만 보고 있자니 또다시 부정적인 생각이 머릿속을 드리운다. 그리고 그런 생각이 그림을 허황된 낙서처럼 보이게 만든다. 하지만, 이대로 그냥 지도를 지우고 웹 브라우저를 닫아버리기엔 며칠 동안 고민하고 공들여 그린 그림 자체가 너무 아까웠다. 이런 그림을 그렸다는 것, 이런 생각을 해봤다는 것 자체가 스스로 대견하기도 했다. 그래서 다른 사람들이 어떻게 생각하는지 물어보고 싶은 마음이 들었다. 자랑 반, 호기심 반. 1분 정도 고민하다가 마침내, 그림 화면을 캡처해서 지푸라기라도 잡는 심정으로 페이스북에 짤막한 글과 함께 올려 보았다.

그런데, 기적이 일어났다. 내 그림을 보고 진심으로 동참하겠다는 사람이 나타난 것이었다. 한 사람의 참여는 나에게 큰 용기가 되었고 그 후부터 그림은 점차 계획으로 바뀌어가기 시작했다. 계획이 구체화 될수록 참여하고자 하는 이들이 늘어났다. 여행 일지를 특별 칼럼으로 하며 원고비를 주겠다는 웹사이트가 나타나고,

그 웹사이트에 광고를 해주면 렌터카를 협찬해 주겠다고 하는 이도 나타났다. 다들 미친 것 같았다. 나의 미친 생각에 여러 미친 사람들의 생각과 의지가 합해지며, 말도 안 되는 낙서만 같던 그림이 점차 그럴듯한 실행 계획으로 변해가기 시작했다. 그리고 급기야는 출발 날짜까지 구체적으로 정해져 버렸다. 이 모든 게 첫 그림을 그린 지 불과 한 달 만에 일어난 일이다.

일단 도화선에 불이 붙은 이상 나머지는 시간 문제였다. 게임이 바뀌었다. 실행 가능성을 타진하는 일이 아닌, 어떻게든 실행에 옮겨야만 하는 일이 되어버린 것이다. 누군가가 내 배에 올라탄 이상 배는 떠나야만 했고, 궂은 날씨와 거친 파도는 그냥 헤쳐 나가야 할 장애물에 불과했다. 그리고 출항 날짜는 점차 다가오고 있었다.

"아, 정말 내가 이 여행을 떠나는 구나!"

여행을 떠나기 며칠 전부터 매일 밤 같은 꿈을 꾸기 시작했다. 난생 처음 보는 낯선 장면들. 그 사이로 끝없이 뻗은 도로 위를 한없이 달리는 꿈. 풍경은 계속 바뀌었지만 배경 음악은 언제나 같았다. 어린 시절 비슷한 꿈에서 항상 들려오던 바로 그 노래. D-day가 가까워질수록 꿈은 점점 더 선명해지고, 음악도 더욱 또렷하게 들려왔다.

The traveller awaits the morning tide
He doesn't know what's on the other side
But something deep inside of him keeps telling him to go
He hasn't found a reason to say no
Remember, Days are numbers

여행자는 아침 조류를 기다리지
저편 너머에 뭐가 있는지 모르지만
깊은 맘 속 어딘가 자꾸 들리는, 거기로 가보라는 소리
거부할 수도 없고 그럴 이유도 없지
기억해, 인생은 유한하다는 걸

The Alan Parsons Project
Vulture Culture
Days Are Numbers(The Traveller) / 1984

어느덧 떠나는 날 아침이 되었고, 50일 동안의 미 대륙 자동차 로드 트립은 그렇게 불현듯 시작되었다.

미국을

달리다

CHAPTER
02

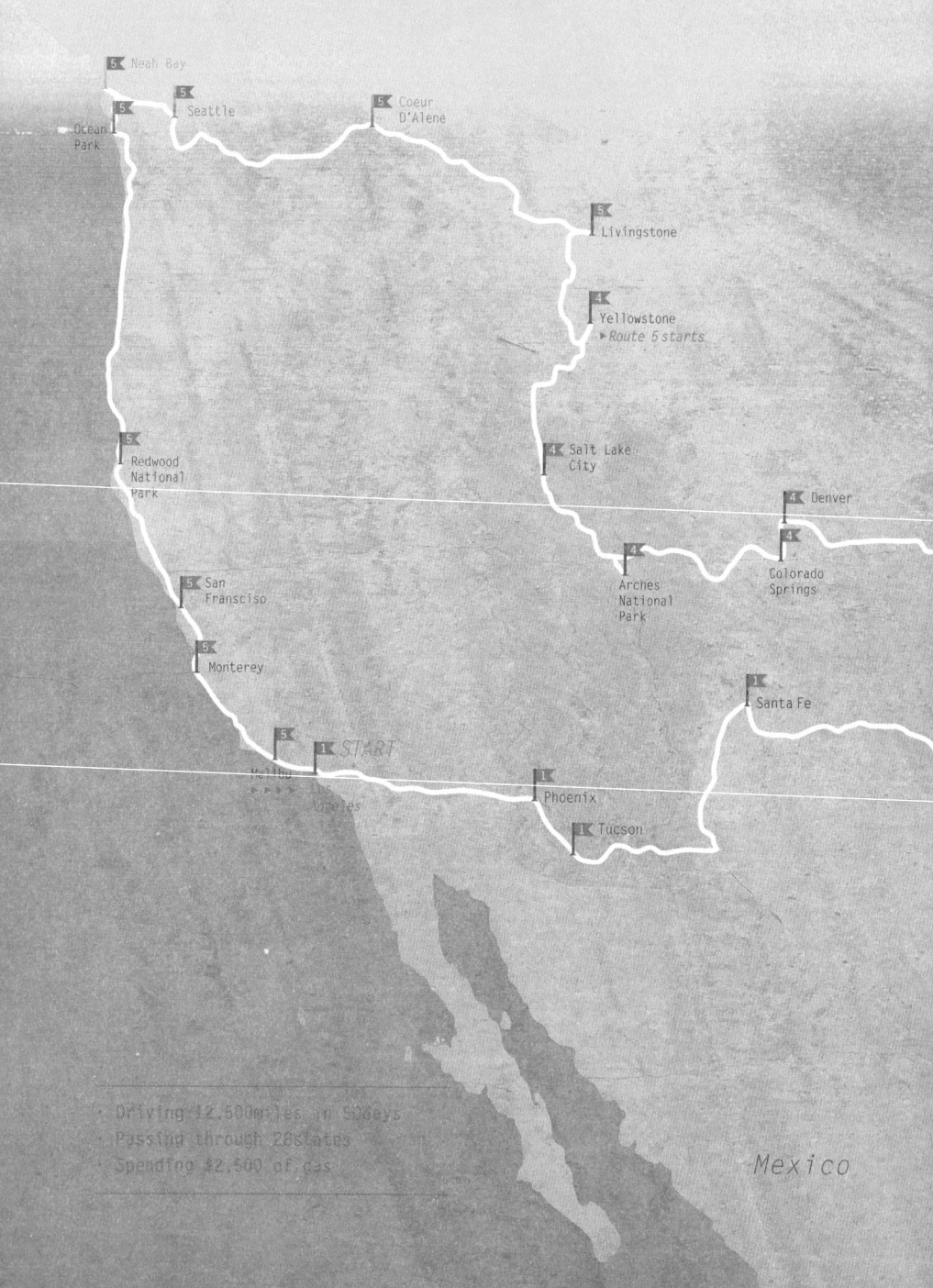

Los Angeles, California
~Dallas, Texas

Route 1

Episode 01

가장 중요한 여행 준비

Elwood _ It's 106 miles to Chicago, we got a full tank of gas, half a pack of cigarettes, it's dark... and we're wearing sunglasses.

Jake _ Hit it.

엘우드 _ 시카고까진 106마일이야. 기름은 가득 채웠지만 담배는 반 갑뿐이야. 게다가 어두운데 우린 선글라스를 끼고 있어.

제이크 _ 됐고, 그냥 출발.

The Blues Brothers(1980)

출발 아침, LA를 떠나며
팜 스프링스로 향하는 도로

전날 밤 잠을 설친 채 여행 첫날을 맞았다. 잠은 사실 며칠 전부터 설쳐 왔다. 그토록 꿈꿔왔던 미국 대륙 횡단 로드 트립. 그것도 50일 일정으로 미국을 제대로 한 바퀴 돌게 되다니. 흥분 반, 걱정 반. 잠을 안 설치는 게 이상하다. 하지만 그게 함정이라는 것을 출발 첫날부터 느끼게 된다. 그 어느 하루보다 완벽하고 싶었던 로드 트립 첫날. 이날을 준비하기 위해 많은 고민을 해 왔지만, 정작 첫날을 망친 건 다름 아닌 고민 그 자체였다. 생각해보면, 살면서 이미 많이 겪어 왔던 일이다. 공연하기 전날, 중요한 시험을 치루기 전날. 항상 똑같은 문제를 겪어왔지만, 언제나 또 다시 저지르고 마는 실수.

멋진 하루가 되기 위해 가장 필요한 건 전날의 숙면이다. 게다가 하루하루 새롭게 펼쳐지는 이벤트에 신속히 대응해야 할 로드 트립 아닌가. 이를 제대로 집중해서 즐기기 위해 가장 필요한 준비는 바로 전날 푹 자는 것이다. 그런데 결국 쓸데없는 고민들을 하느라, 어쭙잖은 계획을 점검하고 또 점검하느라 가장 중요한 준비를 하지 못했다. 어차피 모든 게 첫 경험인 로드 트립에서 예상대로 일어나는 일이 있을 리가 만무한데 말이다.

잠을 좀 못자는 게 대수인가? 좀 피곤할 따름이라고 생각할 수 있다. 하지만 피곤한 채로 맞이하는 하루의 가장 큰 문제점은 내가 스스로 피곤하다고 느끼는 것 그 자체다. 피곤하다는 건 내 문제인데, 그로 인해 발생되는 현상에 대해 내 문제를 핑계 삼아 그 뒤에 숨게 된다. 당연히 세상은 그런 내 처지에 관심하나 주지 않고, 무심하게 돌아간다. 특히나 만나는 사람들이 대부분 낯선 로드 트립에서는 더더욱 그렇다.

잠을 못잔 부작용은 렌터카를 빌리는 상황에서부터 여지없이 나타났다.

"리퓨얼링 옵션 Refueling Option? 이건 또 뭐람!"

기름을 넣는 방식과 관련된 것이고, 이는 결국 돈과 관련된 내용이니 함부로 선택할 수도 없는 노릇. 그래서 이게 뭐냐고 점원에게 설명을 부탁했지만, 설명이 길다. 게다가 영어다. 나는 잠을 잘 못자서 피곤, 아니 스스로 피곤하다고 느끼고 있다. 뒤에 줄 서 있는 사람들의 시선도 압박으로 느껴진다. 이래저래 설명이 귀에 들어올 리 만무하다. 그동안 살아온 짬밥으로 뭔가 회사 입장에서 좋은 것, 즉 고객 입장에서 별로 안 좋은 것을 첫 번째 옵션으로 내어 놓게 마련이라는 통밥을 발휘해 두 번째 옵션을 선택하긴 했지만, 임기응변이다. 로드 트립에 관심이 있는 다른 이들을 위해 모든 정보를 제대로 고려해 판단하고, 이를 잘 기록해 보고자 다짐했던 어젯밤의 결심이 첫날부터 보기 좋게 무너진 것 같아 기분이 찝찝하고 부끄러웠다.

영어문제인가? 물론 네이티브가 아닌 나로서는 피곤하면 영어가 더 잘 안 들릴 테니 그렇게 볼 수도 있겠다. 하지만, 오후 늦게 도착한 첫 번째 숙소에서 겪은 일이 이게 단순한 영어 문제만이 아님을 깨닫게 했다.

피곤한 몸을 이끌고 도착한 도시는 애리조나 주의 주도 피닉스. 3월 초순이었지만 사막 도시답게 늦은 오후 기온도 아직 꽤 높아 우리는 얼음을 필요로 했다. 모텔 한쪽에 있는 아이스 머신을 발견했지만, 웬일인지 얼음이 나오지 않는다. 때마침 직원처럼 보이는 멕시칸 아줌마가 지나가서 도움을 청했다.

"죄송한데요. 어떻게 하면 얼음이 나오죠?"

팜 스프링스 다운타운
팜 스프링스의 마릴린 먼로 동상
애리조나 주 진입

그러자 그 아줌마 강한 스패니시 악센트로 이렇게 짧게 말한다.

"Second."

응? 뭐지? 한 번 더 해보라는 건가? 다시 시도해 보았지만 기계에서 요란한 굉음만 울리고 얼음은 여전히 나오지 않는다. 그런데, 이 아줌마 그런 나를 바라보고 웃으며 계속 두 번째를 외쳐댄다. 약 올리는 것 같기도 하고, 뭔가 내가 너무 바보같이 느껴져 짜증까지 난다. 결국 나는 몇 번 더 시도해 본 후, 멋쩍은 웃음과 어깨짓을 하며 어색한 그 상황에서 도망쳤다. 아줌마는 그런 나를 뒤에서 물끄러미 쳐다보았다.

배정 받은 방이 있는 2층으로 올라갔을 때, 그곳에 거짓말처럼 서 있는 또 다른 얼음 머신을 발견하였다. 설마 하는 심정으로 버튼을 눌러보니 얼음이 곧바로 콸콸 쏟아져 나온다. 그때 깨달았다. 그 아줌마가 이야기한 'Second'는 2층을 뜻하는 'Second floor'였다는 것을. 영어 문제가 아니었다. 영어는 그냥 언어일 뿐이다. 물론 그 아줌마가 뒤에 'floor'를 붙였다면 잘 알아들었겠지만, 어차피 커뮤니케이션 오류는 항상 쌍방 책임이다. 내가 좀 더 정신이 맑았더라면, 그 말을 쉽게 알아들었을 수도 있었을 것이다. 자기 문제에 너무 빠지면 상대방 말이 잘 들리지 않고, 그건 영어나 한국말이나 크게 다르지 않다. 결국은 자기 문제를 해결하는 것이 첫 단추다. 내가 정신이 맑아야 한다. 그래야 사람들이 나에게 하는 말이 더 잘 들린다. 그러기 위해서는 일단 잠을 잘 자야 한다. 그것이 로드 트립을 떠나는 데에 있어 가장 중요한 준비였다.

모텔 방에 앉아 얼음물을 마시며 그런 사실을 깨닫는 순간, 모텔 위로 귀청을 찢을 듯한 굉음을 일으키며 비행기가 날아간다. 그러고 보니, 어젯밤 위치, 동선, 가격 등의 요인을 무지하게 고민해 잡은 첫날 숙소가 바로 이 피닉스 모텔 식스, '공항점'이었다. 황급히 피닉스 공항의 비행기가 몇 시까지 뜨고 내리는지 인터넷에서 찾아보니 새벽 2시가 마지막 비행기다. 결국 내가 숙소를 정하느라 했던 고민도 다 엉터리였다. 정작 뭐가 중요한지는 어차피 떠나봐야 아는 거였는데, 난 왜 그렇게 미리 고민하고 계획하느라 밤을 지새웠던가.

후회에, 자책감에, 비행기 소음에…….
오늘 밤도 잠 푹 자긴 글렀다.

첫 번째 숙소, 모텔 식스

렌터카를 빌리기 전에 꼭 알아두자!
'Refueling Options'

리퓨얼링 옵션은 렌터카에 기름을 어떠한 방식으로 채울 것인가에 대한 옵션이다. 보통 이 옵션은 인터넷 예약 시 미리 선택하지 않고 현장에서 선택하게 되어 있어서 미국에서 처음 자동차를 렌트할 때 당황하게 만드는 내용이기도 하다.

대기 중인 렌터카들

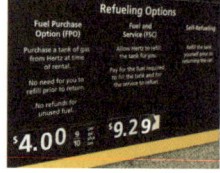
리퓨얼링 옵션

뭔가 복잡한 것 같지만, 잘 살펴보면 렌터카를 제공할 당시 탱크에 이미 가득 차 있는 기름을 그냥 구매할 것인가 FPO : Fuel Purchase Option 아니면 기름은 자기가 직접 주유소에 가서 구매할 것인가 Self Refueling에 대한 이야기다. 헷갈리는 것은 중간에 있는 녀석 FSC : Fuel and Service이다. 이 녀석은 자기가 직접 주유소에 가서 구매하는 경우에 종속되어 있는 놈인데, 헷갈리게 중간에 써두었다. 기름을 덜 채워서 차를 반납하는 경우, 채워야 할 양을 현장에서 측정하여 그만큼을 대신 채워주는 조건으로 기름 단가를 두 배 이상 비싸게 받겠다는 옵션이다.

그럼 뭘 선택해야 할까? 일단, 얼핏 숫자를 보면 하나는 싸고 갤런 당 4불, 다른 하나는 두 배 가격이 넘는다. 갤런 당 9.3불 이것만 보면 당연히 싼 걸 구매해야겠다는 압박이 온다. 그런데, 한번 생각해 보아야 할 것은 그 압박을 느끼도록 문구나 옵션 배치를 해 놓은 주체는 다름 아닌 렌터카 회사라는 점이다. 이건 결국 렌터카 회사의 상품은 아니지만 자동차 여행에서 가장 중요한 필수 요소인 '기름영어로는 gas'을 놓고 렌터카 회사와 소비자가 구매 게임을 벌이는 것이다. 물론 얼핏 생각해 봐도 이런 경우 렌터카 회사가 절대적으로 손해 보는 옵션은 없다. 누가 밑지고 장사하겠는가?

즉, 첫 번째 옵션인 갤런 당 4불은 실제 현재 주변 주유소 기름 값보다 조금이라도 더 비싼 가격일 것이다. 반대로 내가 직접 가서 채우면 기름을 조금이라도 더 싸게 채워 놓을 수 있다는 이야기. 단, 반납할 때 마지막으로 넣는 기름 값이 4불보다 더 비싸면 결과적으로 손해인데, 미국의 휘발유 가격은 주유소 브랜드별로, 지역별로 차이가 꽤나 심해서 인터넷을 통해 잘 검색해 보면 충분히 반환 영업소 주변의 더 싼 주유소를 찾을 수 있다. 게다가, 렌터카에서 기름을 선 구매하는 첫 번째 경우, 쓰지 못하고 남은 기름은 정산해 주지 않는다. 결국 경비절약을 위해서라면 이래저래 두 번째 옵션인 셀프 리퓨얼링 Self Refueling이 유리하다.

Episode 02

혼자서 하기
힘든 일

피닉스 다운타운의 아침 풍경

낯선 도시에서 맞는 여정의 첫 아침. 어제의 심란한 기억들을 접고 훌훌 털며 일어나, 짐들을 다시 차에 싣고 길을 떠난다. 피닉스를 떠나며 꼭 들어보고 싶었던 팝송 한 곡을 카스테레오에 걸어본다. 1980년대 중반 혜성처럼 등장해 미국 팝 음악사에 짧지만 굵은 흔적을 남긴 피닉스 출신 밴드 '미스터 미스터 Mr. Mister'의 '부러진 날개 Broken Wings'. 30여 년간 그렇게 즐겨들었는데도 좀처럼 와 닿지 않았던 가사가 지금 들으니 마치 내 이야기인 것처럼 귀에 와서 확 꽂힌다.

Take these broken wings
and learn to fly again and learn to live so free
And when we hear the voices sing
the book of love will open up and let us in

자, 부러진 날개들을 추슬러
다시 날아올라, 자유롭게 사는 법을 배워요
그 노래에 귀 기울인다면
다시 마음을 열고 사랑할 수 있게 될 거예요

Mr. Mister
Welcome to the Real World
Broken Wings / 1985

    리처드 페이지 Richard Page의 절규하는 듯한 보컬과 스티브 패리스 Steve Farris의 시원한 기타 리프가 혼연일체로 페이드 아웃되는 노래 후반부에 이를 즈음 도시의 외곽에 도달하였고, 언젠가 보았던 이 곡의 뮤직비디오에 나오는 한 장면과도 같은 풍경이 펼쳐진다. 간간이 보이는 기암괴석들만이 유일한 볼거리인 심심한 사막 풍경.

    사실, 피닉스란 도시의 이미지는 따분함 그 자체이다. 피닉스는 인구 수 기준 도시 크기가 미국 내 6등인 대도시지만, 미국 영화에서 뭔가 따분한 직업을 가진 남편이 심심해 보이는 출장을 갈 때 곧잘 등장하는 도시이기도 하다. 산업의 중심지이긴 하지만, 관광객 입장에선 별다른 볼거리도 없고, 놀랄만한 일도 별로 일어나지 않는 곳. 그런 도시를 잠시 머물다 지나쳐, 어제와 별 다름 없는 황량한 사막 사이로 끝없이 곧게 뻗은 4차선 도로 위를 달려가야만 한다.

    심심하다 못해, 졸리기까지 한 사막 구간으로 접어들었다. 의도하진 않았지만 어쩌면 긴 여정의 초반에 만난 지루한 사막 구간이 얼떨결에 여행을 함께하게 된 운전 파트너에 대해 알아갈 수 있는 좋은 기회일지도 모른다는 생각이 들었다.

살면서 혼자서 할 수 있는 일은 많다. 책읽기, 음악듣기, TV보기, 영화보기, 장보기 등은 시간과 돈만 있으면 얼마든지 혼자 할 수 있는 일들이다. 하지만 혼자 하기 어려운 일이 세상에는 더 많다. 그 일이 좀 더 거창할수록, 뭔가 사람들이 보기에 근사한 일이거나, 혹은 다른 이들에게 뭔가를 느끼게 하는 일, 그 과정을 통해 그들의 삶에 어떠한 방식으로든지 영향을 끼칠 수 있는 일일수록 혼자서 하기에 어려운 경우가 많다.

애써 단순화시켜보면, 무언가를 소비하는 건 혼자 할 수 있지만, 그 소비의 대상이 되는 무언가를 만들어 내는 일은, 소비하는 사람의 삶에 어떤 방식으로든지 영향을 끼치는 일이고 그런 일은 보통 혼자서 제대로 해내기엔 어렵다.

선인장 천국, 애리조나 주

미국 대륙 남부 지역을 동서로 가로지르는 10번 도로 표지판

　　나에겐 50일 간의 미국 자동차 여행이 그런 일이었다. 처음에 이 일을 혼자서 하기 어렵다고 생각한 이유는 단순했다. 혼자서 50일 동안 매일 평균 400km 정도를 운전한다는 게 체력적으로 불가능해 보였고, 정신력만으로 극복하기엔 내 나이가 많다고 느꼈기 때문이었다. 그런데, 함께 운전을 할 다른 파트너를 구하는 과정에서 이 일이 단순히 어렵기만 한 일이 아니라 다른 사람의 삶에도 영향을 주는 일이라는 사실을 깨닫게 되었다.

애리조나 주의 전형적인 도로 풍경

Episode 03

첫 번째 운전 파트너를 구하다

Charlie_ What I said about being on the road
with you I meant. Connecting.
I like having you for my brother.
Raymond_ I'm an excellent driver.
찰리_ 이렇게 같이 길 위를 달리니 뭔가 통하는
느낌이 들어. 형이 내 형이라서 참 좋아.
레이몬드_ 나는 운전을 참 잘하지.

Rain Man(1988)

"새해 계획 중 하나인데. 어떻게 생각해? 친구들."

새해 결심이라는 게 다들 의욕부터 앞서서 일단 하고 보는 것 아닌가. 스스로도 불가능할 거라고 생각했던 계획. 친구들이 농담어린 반응을 하나 둘 보이기 시작했고, 그 댓글들을 읽는 나도 실실거렸다. 그러다 어떤 댓글 하나가 내 표정을 순식간에 심각하게 만들었다.

"형님, 운전 교대할 사람 필요하지 않으세요? 골프채 들고 달려갑니다!"

정말? 제발, 무심코 던진 농담이 아니길. 나는 1초도 주저하지 않고 곧바로 답을 달았다.

"절대적으로 필요하지! 오기만 하셔! 농담 아님."

그랬더니, 또다시 1분도 채 되지 않아 그 밑에 답글이 달렸다.

"형님, 저 심각합니다. 일정이 구체적으로 정해지면 알려주세요. 제 인생의 버킷리스트입니다."

사실 이 친구. 잘 모르는 사람이다. 지인 동생의 남편으로 술자리에서 소개 받아 곧바로 형, 동생하며 술김에 즉석으로 페친 신청까지 주고받은, 전형적인 '술자리 동생'이다. 하지만 내가 물불 가릴 상황이 아니었다. 워낙 기간이 길고 돈도 많이 드는 여행이기에, 감히 함께 여행하며 운전할 사람을 찾아볼 엄두조차 내기 어려운 상황에서 지푸라기라도 잡아보려는 심정으로 올려본 글 아닌가? 그런데 누가 커다란 통나무 하나를 풍덩하고 던진 셈이었다. 나는 덥석 그 통나무에 올라탔고 그때부터 곧바로 구체적인 계획을 세우기 시작했다.

물론, 여전히 무모하기 그지없고, 불확실성 투성이다. 과연 이 친구가 진짜 미국으로 건너오기는 할까? 친한 친구들조차 한 번 놀러오겠다고 해놓고 약속을 펑크 내서 일정 비워놓은 내 꼴만 우습게 된 적이 한두 번이 아니었는데. 거의 잘 모르는 남 수준인 이 친구 말 하나만 믿고 이 거사를 추진하는 게 과연 맞는 일일까?

하지만 일단 믿고 싶었다. 아니, 믿을 수밖에 없었다. 그만큼 하고 싶은 일이기 때문이었다. 믿어야 한다는 절박감이 생기자, 내 머릿속에서 믿음에 대한 근거들이 마구 떠오르기 시작했다.

생각해보자.

우선 내가 아무런 조건도 제시하지 않았고, 그렇게 친한 사이도 아닌데 무조건 오겠다고 했다. 막역한 친구 사이라면, 혹은 이미 많은 이해관계가 있는 사이였다면 오히려 이 친구가 뭔가를 기대하고 오는 건지에 대해 생각이 많아졌을지도 모를 일이다. 하지만, 이 친구가 오겠다고 한 이유는 명쾌하고 단순했다. 자신의 '버킷리스트'라지 않는가. 나도 그래서 하려는 거고. 이 일을 하려는 이유와 그에 대한 진지함이 이 단어 한마디로 나에겐 모두 설명되었다. 오히려 친하지도 않고 이해관계가 없기에 거짓말을 할 이유도 없고, 사람에 대해 의심하거나 고민할 이유가 없다고 생각했다. 내가 줄 게 없는데, 자기 돈 써서 스스로 오겠다는데, 나쁜 일을 당할 이유도 없지 않은가. 그래! 그냥 자기도 나처럼 미국 자동차 여행이 너무나도 하고 싶어서, 죽기 전에 꼭 해보고 싶어서 오는 걸 테지 뭐.

그렇게 나는 그의 댓글 하나로 내 마음대로 판단을 내려버렸고, 더 이상 묻지도 따지지도 않고 그가 오는 걸 전제로 구체적인 여행 계획을 세워나갔다.

　그로부터 두 달 후 실제로 그는 자기 돈으로 비행기 표를 끊어 미국 LA로 건너 왔고, 그렇게 그 친구의 삶에, 그리고 훗날 우리의 여행 이야기에 관심을 가질 여러 다른 친구들의 삶에 영향을 끼칠 수도 있는 그런 일을 이 친구와 함께 하게 된 것이다.

출발 첫날, LA 도심

Episode 04

부산에서 맞이한 '최후의 만찬'

Jim Halsey_ *Do I look like a killer to you?*
짐 핼시_ 당신에겐 내가 살인마처럼 보이나요?

The Hitcher(1986)

얼떨결에 함께 긴 여행을 떠나게 된 운전 파트너. 그런데 막상 함께 여행을 떠나니, 예상치 못했던 새로운 의심이 생겨났다. 혹시, 이 친구가 공포 영화에 자주 등장하는 히치하이커 연쇄 살인마이면 어쩌지? 겉으로 보기엔 멀쩡하지만, 기회만 주

어지면 아주 영악하고 잔인하게 돌변하는 인텔리전트한 스타일지도 모른다. 잠깐, 굳이 골프채는 무겁게 왜 들고 왔을까? 저 골프백 안에 정말 골프채만 들어 있는 걸까?

머릿속으로 이런 황당무계한 소설을 쓰고 있다는 걸 알아챈 걸까? 이 친구, 운전대에 앉아 있는 긴긴 시간 동안에 별로 말이 없다. 처음 만나면 서로를 알아가기 위해서 이런저런 대화를 시도할 법도 한데, 첫날 팜 스프링스 Palm Springs에서 점심

투산까지 47마일

을 먹을 때도, 숙소에서 하룻밤을 지내면서도 내가 질문을 던지면 필요한 만큼의 대답 외에는 거의 말을 하지 않았다. 또 뭔가를 하자는 제안도 별로 하지 않았다.

그러고 보니 한국에서 가졌던 몇 번 안 되었던 술자리 만남에서도 적절한 타이밍에서 분위기는 잘 맞췄지만 자신에 대한 이야기는 별로 하지 않았던 것 같다. 물론 지인을 통해, 이 친구가 최근에 다니던 회사를 그만 두고 자기 사업을 시작하려 한다는 정도의 신상 정보를 확인하긴 했지만, 수십 일 동안 단 둘이서 먹고, 마시고, 함께 동침할 수 있는 친구라는 믿음을 가지기엔 턱없이 부족했다.

이런 저런 상념 속에서 차 안에 흐르는 어색한 분위기를 바꿔보기 위해 라디오를 틀었는데, 마침 흘러나오는 '심플리 레드 Simply Red'의 노래가 한 술 더 뜬다.

"If you don't know me by now, You will never never never know me, woo~."
아직도 내가 누군지 모른다면, 넌 절대 날 알지 못할 거야. 우~.

투산 다운타운 풍경

뭔가 섬뜩한 느낌에 운전대를 잡고 있던 손에 땀이 살짝 차는 느낌까지 들었는데, 그때 옆에서 뜬금없이 말문을 열었다.

"형님, 투산 근처 외곽으로 좀 빠져 나가면 볼만한 곳이 있는 것 같은데, 가 보실래요?"

외곽으로 빠져 나간다고? 안 그래도 아까부터 지나가는 자동차조차 별로 없는 황무지 구간으로 접어들어 찝찝했는데, 이건 뭐지? 나는 애써 태연한 척, 간신히 대답했다.

"으응? 음. 좋지……. 그런데 그전에 투산에 들러 점심부터 먹고 가는 게 어떨까?"

한적한 곳으로 빠져나가기 전에 어떻게든 이 친구 정체에 대해 확신을 가져야 겠다는 생각에서 발휘한 순발력이었다. 서부 영화에서 마지막 결투라도 벌이는 듯한 심정으로 알록달록한 파스텔 톤의 예쁜 건물과 키 큰 선인장들로 가득한 투산 마을의 다운타운으로 간신히 접어들었다.

시야에 들어오는 몇 개의 레스토랑 중 가장 비싸 보이는 곳으로 무조건 들어갔다. 이번 여행의 마지막 식사가 될지도 모르는 일 아닌가, 먹고 죽은 귀신이 때깔도 곱다고.
혼자만의 망상이 이 지경까지 이르자, 이 정신 나간 내 머릿속 소설을 어떤 식으로든지

메뉴를 설명하는 웨이터

61

빨리 종결짓고 싶다는 생각으로 가득하게 되었다. 비싼 레스토랑답게 웨이터가 점심 메뉴가 적힌 커다란 칠판을 들고 와 강한 스패니시 악센트의 유창한 영어로 뭔가를 막 설명하는데 내용이 귀에 제대로 들어올 리 만무하다.

외모는 정통파 래퍼, 말투는 곤잘레스인 웨이터의 긴 설명이 끝나자마자 그냥 제일 위에 있는 메뉴를 달라고 주문을 황급히 끝낸 후, 나는 자세를 고쳐 앉고 파트너에게 시선을 집중했다. 어떤 질문을 먼저 꺼내야 하나. 이 불편한 상황을 종결시키기 위한 가장 그럴 듯한 결정적인 질문은 무엇일까? 그때 이 친구가 무심하게 던진 한마디가 복잡해진 내 머릿속을 단순하게 만들었다.

"형님, 이 점심 포함해서 앞으로 비용은 철저하게 더치페이로 가시면 어떨까요?"

응? 순간 머릿속에서 맴돌던 허무맹랑한 소설의 플롯이 순식간에 걷히고 로드트립의 일상 속 현안으로 생각이 다시 돌기 시작했다. 그리고 보니 앞으로 한 달을 부부처럼 보내야 할 상황인데, 기본적인 생활 규칙조차 만들지 못했다. 그만큼 여행 자체를 가능하게 만드는 데만 정신이 팔려 있었던 것이다.

이 현실적인 첫 대화 주제를 시작으로 우리는 그제야 많은 대화를 나누게 되었고, 자연스레 서로에 대한 이야기도 흘러나왔다. 다행히도 그는 '히치하이킹 연쇄살인마'와는 거리가 매우 먼, 바퀴벌레 하나도 못 잡아 마누라에게 도움을 청하는 순진한 캐릭터였다. 말이 별로 없었던 것도 다소 과묵하고 신중한 성격 때문이었다. 해야 할 말이 있을 때엔 눈치 보지 않고 간결하게 직설적으로 말하는 전형적인 돌직구 스타일. 본인 스스로가 그런 자신의 성격을 잘 알고 있고, 주변 사람들에게 곧잘 오해를 사기도 한다며, 갑자기 터진 말문 속에서 넉살 좋게 자신을 변호하기도 했다. 하지만, 그만큼 자신의 욕구와 소망에 대해서도 매우 솔직하고, 그것을 위해 모든 일상을 한 달 동안 정지시켜 놓고 훌쩍 떠날 수 있는 그런 배짱을 가진 친구이기도 했다.

먼 길을 함께 떠나는 파트너를 만날 때, 상대방의 화법을 이해한다는 것만큼 중요한 일이 또 있을까? 많은 다툼과 분쟁은 보통 여기에 대한 오해에서 출발한다. 오해에서 비롯된 머릿속의 잘못된 소설은 의심을 낳고 다시 그 의심은 소설의 결말을 극단적으로 전개시키는 경향이 있다. 이번 경우엔, 그 식당을 떠나 방문했던 투산 외곽 서부영화 촬영 세트장에서 불현듯 머리 위를 날아가는 독수리를 촬영하기 위해 황급히 가방에서 망원렌즈를 꺼내드는 파트너의 돌발적인 행동에 화들짝 놀라 그의 면상에 선빵을 날리는 정도의 해프닝으로 끝났겠지만, 이 역시 내 머릿속에서 일어난 나만의 소설일 뿐이다.

서부영화 촬영지, 올드 투산

긴 대화를 통해 모든 의심은 걷히고, 다소 무뚝뚝하지만 믿음직스러운 이 멋진 친구와 함께 앞으로 한 달 동안 멋진 추억을 만들어 나갈 거라는 생각에 다시 들뜬 모드로 돌아가 이번 여행에서 꼭 경험하고 싶은 것들에 대한 이야기를 나누기 시작했다. 막상 이야기를 서로 꺼내보니 이 친구 머릿속에는 꽤 많은 계획이 이미 잡혀 있었다. 하긴, 어떻게 마련한 기회인데, 구체적인 계획이 없는 게 더 이상하다. 이 친구가 그동안 여기에 대해 별 말을 꺼내지 않았던 이유는, 여행을 처음 제안한 사람인 나를 이 배의 선장으로 존중해주었기 때문이었다.

한 달 동안의 여행 일정에 대한 이야기는 점심시간을 훌쩍 넘겨 투산 다운타운의 반대편에 있는 스타벅스 커피숍으로 이어졌고, 한 달 후 이 친구와 헤어지기로 한 도시, 시카고 이야기까지 이르러서야 끝이 났다.

"그런데, 형님. 시카고부터 함께 운전할 다음 파트너는 구하셨어요?"

그러고 보니, 한 달 후에 시카고에서 만나게 될 두 번째 운전 파트너 생각은 까맣게 잊고 있었다. 그 친구를 구한 과정은 그 무모함과 대책 없기가 첫 번째 경우보다 몇 배나 더 황당했다는 사실 조차도. 이에 대한 사연 소개를 듣고 난 이 친구 또다시 무심하게 돌직구를 날린다.

"형님도 참, 배짱 좋으신데요. 그 친구 혹시 여행자들을 타깃으로 하는 강도범이면 어쩌시려고요?"

이런 젠장. 순간, 내 머릿속에서 또 다른 소설이 떠오르기 시작했다. 이번에는 훨씬 더 구체적이고 그럴 듯한 시나리오 버전으로.

올드 투산의 카우보이 쇼

Episode 05

뉴멕시코 외딴 마을의 하룻밤

뉴멕시코 주 경계

"형님, 해 떨어지기 전에 서둘러야겠는데요. 빛이 없어지면 사진이 영 안 나와서."

투산에서 말문이 터진 첫 번째 여행 파트너, 이제는 제법 편안하게 툭툭 말을 건넨다. 물론, 여전히 꼭 필요하다고 생각하는 말만 짧게 하는 수준이지만, 원래 이 친구 성격이라는 것을 아는 이상, 이제 머릿속으로 쓸데없는 소설을 쓸 일은 없어 보인다.

지평선에 걸린 석양빛을 튕겨내며 선명한 지평선 라인을 분출하고 있는 산등성이들, 이를 배경으로 멋진 작품 한 컷을 찍기 위해 카메라 삼각대의 각도를 이리저리 맞춰 보며 구도 잡기에 열중하고 있는 이 과묵한 친구의 모습이 꽤나 멋져 보인다. 어느새 우리는 마음 잘 맞는 트래블 버디가 되어, 제법 일사분란하게 각자의 역할을 알아서 척척 수행하고 있다. 끝없이 뻗은 사막 길을 함께 달리며, 그렇게 우리는 '남남'에서 '친구'로 진화해 가고 있었다.

화이트 샌드 방문에 하루를 온전히 할애하기 위해, 뉴멕시코 주 깊숙한 지점에 위치한 '라스 크루세스 Las Cruces'라는 곳까지 운전해 들어와 전날 여정을 풀었다.

밤 10시나 되어서야 도착한 모텔 이름은 '빅 칠리 여관 Big Chile Inn'. 예약할 때 모텔 홈페이지에서 사진으로 봤던 커다란 칠리 구조물이 실제로 호텔 앞에 떡하니 서 있었다.

앞에서 기념사진을 찍을까 고민하다가, 밤도 늦고 피곤하기도 해서 그냥 관두었다. 어차피 홈페이지에 나와 있는 사진이 제일 잘 나온 걸 텐데, 나중에 기록상 필요할 때 그냥 그거 캡처해서 쓰지 뭐. 내가 들어 있는 사진도 생각해 보면 별로 필요 없다. 남도 관심 없고 나도 별로 좋아하지 않는 내 사진을, 기록만을 위해서 찍을 이유가 있을까? 중요한 건 내가 여기 왔다는 사실 그 자체이고, 그것은 내 기억 속에만 남아 있으면 된다. 그나저나, 어두컴컴한 모텔 앞에 우두커니 서 있는 구조물 하나만 보고도, 어찌 이리 상념이 많은지. 정말 이건 심각한 병이다.

쓸데없는 상념에 빠졌을 때 가장 좋은 묘약은 그 생각을 멈추게 할 새로운 사건을 만드는 일이다. 그래서 자동차 로드 트립은 나같이 잡념 많은 사람에겐 참 건강한 여행이다. 하루하루 집중해서 대응하지 않으면 안 되는 일이 계속 일어나니까 말이다. 아이러니하게도 운전할 때를 제외하고는 상념에 빠져 있을 틈이 없다. 새롭게 겪는 경험에 대응하고 있거나, 운전대 앞에 앉아 있거나, 피곤에 쩔어 곯아떨어지거나, 셋 중 하나다. 달리고, 느끼고, 반응하고, 먹고, 자고, 일어나서 또 달리는 나날들의 연속. 이렇게 건전한 하루하루가 이렇게 계속 이어진 적이 내 인생에 또 있었을까 싶을 정도다.

피곤한 운전 일정에 녹초가 된 몸을 이끌고 침대에 눕자마자 잠에 빠져 드는가 싶더니, 어느새 칙칙한 모텔 방 커튼 사이로 어슴푸레 아침 햇살이 새어나오고 있다. 한시라도 지체할 수 없다. 꿈에도 그리던 화이트 샌드를 보는 바로 그 날 아닌가.

빅 칠리 여관 홈페이지

Episode 06

응답하라
보이즈 투 맨

    1990년대 초반 빌보드 차트를 온통 자신들의 히트곡으로 도배했던 R&B 보컬 그룹 '보이즈 투 맨 Boyz II Men'. 1992년 데뷔 앨범 수록 곡 'End of the Road' 가 빌보드 싱글 차트 1위에 13주 동안 머물며 화려한 신고식을 치루더니, 2년 후 발표한 2집 앨범에서는 'I'll Make Love To You'*라는 곡이 다시 14주간 1위에 머물며 자신이 세운 기록을 다시 갈아치운바 있다.

★ 'I'll Make Love to You'는 자신의 동일 앨범 수록곡인 'On Bended Knee'에게 차트 1위 자리를 내어 놓는데, 이 곡도 다시 6주간 1위에 머무는 기염을 토한다. 빌보드 차트 역사상 자신의 히트곡에게 차트 1위 자리를 내어 준 아티스트는 엘비스와 비틀즈, 그리고 보이즈 투 맨 뿐이다. 1995년 말에는 당대 최고의 디바, 머라이어 캐리와 함께 부른 'One Sweet Day'라는 곡으로 빌보드 차트 1위를 16주간 점령하며 자신이 세운 최장기 1위 기록을 1년 만에 다시 갈아치웠고, 이 기록은 현재까지 깨지지 않고 있다.

이듬해인 1995년 봄, 케이블 TV 방송이 시작되고 한국에서 처음으로 전문 음악방송 채널이 생겨나면서 많은 팝 뮤직비디오를 접할 수 있게 되었는데, 이를 통해 보이즈 투 맨 2집에 수록된 또 하나의 히트곡 'Water Runs Dry'의 뮤직비디오를 처음 보게 되었다.

We don't even talk anymore
We don't even know what we argue about
Don't even say I love you no more
'Cause sayin' how we feel is no longer allowed

우린 더 이상 말도 하지 않네요
왜 다투고 있는지도 모르겠어요
'더 이상 널 사랑하지 않아'라는 말조차 하지 않네요
어떻게 느끼는지조차 말하지 않기로 했으니까

Boyz II Men
II
Water Runs Dry / 1994

하늘 끝과 맞닿은 하얀 사막 위에 음악의 신들이 왕림한 듯 현악 오케스트라가 내려 앉아 물 흐르는 듯한 선율을 연주한다. 그리고 그 위에 보이즈 투 맨의 호흡처럼 내뱉는 듯한 부드러운 보컬이 용서와 화해의 메시지를 펼친다. 음악도 환상이고, 가수도 멋있지만 이 뮤직비디오에서 가장 나를 사로잡은 건 바로 배경으로 나온 새하얀 사막이었다. 특수 효과일까? 아니면 실제 저런 새하얀 사막이 정말 있는 걸까? 잠시 생겼던 궁금증은 정신없는 대학생활 속에서 잊혀져갔다.

10여년 후, 나는 광고 대행사 대리 3년 차가 되었다. 광고주의 닦달에, 제작부서의 투정에, 팀장의 압박까지, 이리 치이고 저리 치이는 피곤에 찌든 회사원의 나날이 계속되었다. 그러던 어느 날 퇴근길에 한 잔 하러 들른 이태원의 한 뮤직바 TV에서 이 뮤직비디오를 다시 보게 되었다. 어찌나 반갑던지. 왠지 그 시절로 돌아간 느낌에, 지친 맘과 영혼 아니 뼛속까지 위로 받는 느낌이었다. 그날 밤 내내 노래와 영상이 머릿속을 맴돌았고, 다시 그 하얀 사막에 대한 궁금증이 찾아왔다. 결국, 다음날 출근하여 자리에 앉자마자 뮤직비디오 촬영지를 검색해 보았다. 몇몇 외국 사이트까지 뒤져서 겨우 한 줄 정보를 찾아내었다.

이 뮤직비디오는 미국 뉴멕시코 주에 있는 화이트 샌드 White Sand란 곳에서 촬영되었다.

나도 모르게 내쉰 한숨과 함께 나지막한 혼잣말이 조용히 흘러나왔다.

'아. 꼭 한 번 가보고 싶다. 언젠가는.'

독백과 함께 흘러나온 한숨은 잠시 후 들려온 팀장의 호출 소리와 함께 흩어졌다. 그로부터 또다시 훌쩍 10년이 지났다.

화이트 샌드의 캠핑카

Episode 07

화이트 샌드를 달리다

로키산맥의 남쪽 끝자락

　해가 뜨기도 전에 길을 떠났다. 황무지 너머로 펼쳐지는 로키산맥의 장관이 사진기를 꺼내지 않고는 배길 재간이 없게 만든다. 잠시 후 산봉우리 하나가 떡 하니 길을 막아서는 듯 전방에 나타나고, 이를 우측으로 감아 들어가는 도로 옆에 'NASA Road'라는 간판이 보인다. 화이트 샌드에 본격적으로 가까워지는 외딴 길로 접어드는 순간.

적막감이 맴도는 황야를 10분 정도 달려 들어가자 우측에 다시 'White Sands, Missle Range'**라는 간판이 눈에 들어온다. 응? 미사일 실험 지역? 군사 지역인가? 순간 섬뜩한 느낌이 들어 재빨리 찍은 간판 사진을 물끄러미 들여다보니, 미사일의 스펠링이 좀 이상하다는 생각이 들었다. 주변 풍경을 잠시 제쳐 두고 일단 정보 탐색 모드로 돌입했지만, 역시나 외딴 국도답게 휴대전화는 먹통, 인터넷 검색도 불가능하다. 궁금증은 커졌지만 확인할 길이 없고, 무심한 길은 점점 더 한적한 곳으로 우리를 이끌었다.

파트너가 갑자기 차량 속도를 줄였다. 무슨 일인가 하고 전방을 쳐다보니 저 멀리 검문소가 길을 막고 있는 게 보였다. 가까이 가보니 선글라스 낀 군인 아저씨가 어깨에 소총까지 메고 경비를 서고 있다. 미국이니까 당연히 실탄이 장전된 총일 텐데. 살짝 무서워졌다. 혼란스러운 스펠링과 예상치 못한 검문소의 등장에 머리가 또 복잡해지기 시작하는데, 나의 무심한 트래블 버디, 적절한 타이밍에 결정적 멘트 또 한 방 날려주신다.

"아, 형님. 그리고 보니 이 화이트 샌드 지역. 세계 최초로 핵폭탄 실험을 한 곳이래요. 아. 방사능 때문에 이렇게 다 하얀 건가?"

사진조차 못 찍게 하는 까칠한 군인 아저씨에게 신분증 다 뺏기고, 조회 결과만을 기다리는 5분 동안 차안에는 어색한 침묵이 흘렀다. 삼엄한 분위기상 음악을 틀

★★ 뉴멕시코 남부 지역에 위치한 미국 최대 규모의 육군 미사일 실험 지역. 공식 홈페이지에서도 'Missile'과 'Missle'을 혼용해서 쓰고 있다. 제 2차 세계 대전을 종결지은 원자폭탄의 실험 장소이기도 하지만 이곳의 모래가 하얀 이유는 이와는 무관하다. 수만 년 전 지표로 올라온 석회질 성분 토양이 오랫동안 풍화작용을 거치며 형성된 것이다.

나사 로드 진입 지점
군사지역 도로 풍경
미사일 레인지 간판
화이트 샌드 공원 입구

기도 뭐하다. 순간 또다시 내 머릿속에서 뭉게뭉게 피어나는 'X 파일' 시나리오. 외계인, 음모론, 감금. 황당해지는 소설 내용에 따라 점차 하얗게 변해가는 내 얼굴.

신분증을 돌려받고 검문소를 무사히 통과하면서 얼굴빛은 점차 원래 색깔로 돌아왔지만, 주변은 점점 더 하얗게 변해 갔다.

'화이트 샌드 국립공원 White Sands National Monument' 간판이 걸려 있는 관리사무소 건물에 들러 차량 입장을 위한 티켓6을 끊은 후 곧바로 공원 내 도로로 진입했다. 설레는 맘으로 10분 정도 달렸을까. 도로 바깥에 있던 흰 모래들이 점차 검은 아스팔트 도로를 침범하기 시작하더니, 어느새 도로와 사막의 구분이 모호해지며 검은 도로가 자취를 감춘다. 길도 주변도 모두 하얀 세상. 20년 동안 꿈꿔왔던 화이트 샌드 사막을 자동차로 달리는 순간은 그렇게 불현듯 현실로 찾아왔다.

자동차가 들어갈 수 있는 가장 깊숙한 곳에 차를 세운 파트너, 갑자기 차문을 열더니 '야호~.' 를 외치며 모래 언덕으로 뛰어 올라간다. 어느새 맨발이 되어 있는 그의 손엔 샌들이 들려 있었고, 왼쪽 어깨에 카메라를 둘러멘 모습이 영락없는 사진 찍기 좋아하는 관광객의 전형이다. 오호, 이런 천진난만한 구석도 있었다니. 이 친구를 연쇄 살인마 캐릭터로 만들고 머릿속에서 소설을 써댔던 게 바로 엊그제 일이었다는 사실이 떠올라 피식 웃음이 났다.

하얗게 변해가는 공원 도로

Episode 08

하얀 세상에 홀로 앉아

온전히 홀로되고 싶다면 사막으로 떠나라고 했던가. 나는 언덕을 오르는 파트너의 뒤통수에다 대고 "어디 좀 갔다 올게!"라고 소리 지른 후, 관광객들이 없을 법한 반대 방향 모래 언덕 쪽으로 걸어 들어갔다. 이 순간을 위해 준비한 신성한 의식을 홀로 치루고 싶어서였다. 신발을 벗어 든 채 걸으니 오전의 태양 빛으로 적당히 따뜻해진 석회질 모래알들이 발가락 사이로 스며들어와 한 알 한 알 발등을 부드럽게 감싸는 것이 느껴진다. 모래 언덕 하나를 넘어 아래쪽으로 조금 더 걸어 내려가니 사람들의 모습이 시야에서 완전히 사라졌다. 주변에는 온통 하얀 모래들과 파란 하늘, 그리고 저 멀리 보이는 산봉우리 뿐. 완전한 자연에 둘러싸인 이곳에 존재하는 유일한 오점이라곤 나 자신밖에 없다.

화이트 샌드 내부
화이트 샌드 내부의 방갈로

조금 더 걸어 들어가 적당한 지점의 하얀 모래 사구에 홀로 걸터앉았다. 그리고 이어폰을 귀에 꼽고 휴대폰에 저장해둔 보이즈 투 맨의 'Water Runs Dry'를 틀었다.

그 순간 내가 그토록 꿈꿔왔던 3분 30초가 시작되었다. 아름다운 현악 선율의 전주가 적막한 화이트 샌드를 마술처럼 가득 채우자, 내 기억 속에서 선명히 살아왔던 뮤직비디오 장면들이 멜로디를 따라 하나씩 눈앞에 등장하기 시작한다. 저기 어디 쯤 천사 같은 여배우가 하얀 드레스를 입고 걸어가는가 싶더니, 어느새 그 옆 나지막한 모래 언덕 위에 오케스트라가 등장한다. 그리고 곧이어 하얀 수트를 입은 4명의 보이즈 투 맨이 등장해 소울풀한 보컬과 기막힌 블렌딩 하모니를 새하얀 사막 위로 거침없이 뿜어낸다. 아, 그토록 꿈꿔왔던 3분 30초의 시간. 그 잔인하리만큼 짧은 시간이 그렇게 흘러가고 있었다.

Let's don't wait till the water runs dry
We might watch our whole lives pass us by
Let's don't wait till the water runs dry
We'll make the biggest mistake of our lives
Don't do it baby

물이 다 흘러 마를 때까지 기다리지 말아요
평생 이렇게 끝나버릴지도 몰라요
물이 다 마를 때까지 기다리지 말아요
인생 최대의 실수를 저지르고 있는 걸지도 몰라요
우리, 그러지 말아요

Boyz II Men
II
Water Runs Dry / 1994

코러스 부분이 다시 반복될 즈음에 이르자, 눈가에 눈물이 고이기 시작했다. 후회와 용서의 가사 내용 때문이 아닌, 그 순간 찾아온 감사와 행복의 느낌 때문이었다. 마흔의 나이에 과감하게 많은 걸 버리고 이 먼 곳으로 훌쩍 떠날 수 있게 한 내 영혼의 용기에 감사했고, 여행을 할 수 있도록 나를 믿고 성원해준 가족들과 많은 친구들, 그리고 20년 전 처음으로 이 세상에 태어나 나를 이곳까지 이끌어 준 이 노래에 대한 감사가 북받쳐 올라왔다. 노래 하나가 나의 꿈과 목표가 되었고, 결국 이곳까지 나를 이끌어준 것이다. 생판 낯선 미국 땅, 그중에서도 가장 깊숙한 이곳 화이트 샌드라는 곳까지.

무엇인가에 이끌려 하루하루를 낯선 모험으로 살아가는 인생. 순간순간 불안감이 엄습하고, 아침저녁으로 희비가 엇갈리기도 하지만, 가끔씩 이런 감동의 순간을 만날 수만 있다면 전혀 나쁘지 않을 것 같다는 생각이 들었다.

음악이 페이드 아웃되며 끝나가자 때맞춰 뒤쪽 등성이 쪽에서 낯익은 목소리가 들려왔다.

"형님, 세팅 완료 되었습니다. 화보 사진 하나 찍으시죠."

언덕을 넘어 돌아가 보니 삼각대 설치는 물론 자동차도 고쳐 옮겨 놓으며 그럴듯한 사진 구도를 설정해 놓았다. 정성에 화답하는 의미로 자동차 지붕 위로 훌쩍 뛰어 올라가 걸터앉아 보았다. 타이머 설정을 해 놓고 달려와 자신의 위치를 잡은 이 친구, 무뚝뚝한 표정을 유지한 채로 각종 귀요미 포즈를 연발해 댄다. 정말 보면 볼수록 뜻밖의 놀라움으로 가득한 친구다.

Episode 09

산타페에서의
첫 회식

638마일. 킬로미터로 환산하면 1,026킬로미터……. 내일 하루 달려야 할 거리이다.

한없이 머물고 싶은 화이트 샌드의 감동을 과감히 접고 이른 오후부터 열심히 북쪽으로 내달려 뉴멕시코의 주도 산타페에 해 떨어지기 전 간신히 도착했다. 아름다운 어도비 양식의 황톳빛 건물에 물든 석양을 감상하기 딱 좋은 시간대에 만난 다운타운은 구석구석 평화롭기만 하다. 미국에서 가장 높은 곳 해발 2,300m에 위치한 도시답게 저녁 날씨는 제법 쌀쌀했지만, 우린 이에 굴하지 않고 펍 레스토랑의 야외 테라스에서 바비큐 요리와 로컬 맥주를 시켜 여행 후 첫 '크루 회식' 시간을 가졌다. 안주거리는 당연히 내일 여정 이야기. 함께 운전하고 달려보자고 만난 건데, 달리 무슨 할 이야기가 있겠는가.

산타페 메인 스트리트

　　내일 여정의 포인트는 운전 거리. 전체 일정 중 하루 이동거리가 가장 긴 날이다. 재차 확인해 본 숫자는 여전히 부담스럽게 느껴지는 1,026km. 이게 도대체 얼마나 되는 거리일까? 가늠해 보고 싶어졌다. 한국에서 어지간해서는 하루에 달려보기 힘든 거리다. 일단, 서울과 부산을 잇는 경부고속도로를 왕복하고도 훨씬 남는다. 직선거리로 가늠해 보려면 남북한을 연결해 놓고 봐야 할 텐데, 북한 지역을 목적지로 설정하면 도로 정보가 부족해 인터넷 거리 계산 자체가 불가능하다. 아마도 부산에서 신의주 거리 정도가 아닐까?

　　그래도 어떻게든 한국 내에서의 운전 경험에 대입해 보고 싶어져서, 이리 저리 시뮬레이션을 돌려보다 마침내 찾아낸 근사치는 바로 대한민국 해안도로 일주

산타페의 로컬 맥주 세트

코스. 강릉을 떠나 동해안 도로를 타고 부산까지 내려간 후, 다시 남해안고속도로를 따라 목포를 경유해 서해안고속도로로 북상하여 인천까지 들어가는 코스의 총 거리가 1,011km였다. 역시 하루 만에 주파하기에 굉장히 먼 거리라는 사실을 다시 한 번 체감한다. 한 가지 위안은 길이 구불구불하고 많이 밀리는 한국의 도로 사정과는 사뭇 다를 것이라는 기대감. 하지만 그것도 처음 달려보는 길이라 알 수 없다. 결국 부딪혀 봐야 아는 일, 미리 하는 걱정은 의미 없다.

여하튼 내일 하루는 그야말로 하루 온종일 운전만 하는 진정한 로드 트립의 날임을 확인, 숙소로 돌아오자마자 마치 약속이나 한 듯이 우리들은 재빨리 불을 끄고 침대에 누워서 잠을 청했다. 오늘밤 가장 중요한 일은 내일을 위한 재충전이라는 걸, 이제는 둘 다 너무나도 잘 알고 있다.

로드 트립을 떠난 지 이제 겨우 3일이 지났을 뿐인데, 왠지 한 달은 된 것 같다. 낯선 곳을 계속 달려서일까? 매일매일 서로 다른 하루가 이어져서일까? 어쨌든 짧은 기간에 파트너와 함께 많은 일을 겪다보니 이제는 별 대화 없이도 손발이 척척 맞는다. 자동차 브랜드나 캔커피 이름 정도로만 알아 왔던 산타페라는 생소한 도시에 왔는데도 마치 여기서 10년 넘게 살아온 동네 주민인 것처럼 행동한다. 여행 책자의 볼거리와 명소들에 대해 별 다른 미련이나 이견 없이 식사 후 곧장 숙소로 돌아와 내일을 위한 에너지를 축적하는 모습이, 왠지 둘 다 제법 로드 트립의 전

문가가 된 듯한 느낌이다. 훗날 누군가가 로드 트립에 대해서 물어본다면 해주고 싶은 이야기가 벌써 산더미다. 3일 만에 벌써 이런데, 50일 여행이 모두 끝나고 나면 어떨까.

또다시 이어지는 이런 저런 머릿속 상념들의 끝에서 살포시 잠에 빠져 드는가 싶더니, 어느새 나는 꿈속에서 한 TV 방송국에 출연해 미녀 MC로부터 인터뷰 질문을 받고 있다.

"광활한 미국 대륙을 50일간 자동차로 종횡무진 달리다니, 대단한데요. 힘들지 않았나요? 도대체 왜 이런 미친 짓을 하는 거죠?"

산타페 거리 표지판

첫 번째 파트너의 스케치 솜씨

Episode 10

'발운전'을
하다

　새벽 6시부터 일어나 서둘러 길을 떠났다. 인터넷 지도가 제시한 오늘의 운전 시간은 9시간 반이지만, 예상 시간이 보통 3시간을 넘어가면 휴식, 식사 시간 외에도 날씨, 공사 구간 등의 돌발 변수가 더 붙어 실제 이동 시간은 평균 1.5배 정도로 불어난다. 즉, 오늘의 목적지인 텍사스 주의 댈러스 예상 도착 시각은 지금으로부터 약 15시간 후인 저녁 9시 경으로 보는 것이 현실적이다. 장거리 로드 트립을 할 때 가장 피하고 싶은 야간운전이 오늘만은 불가피할 것 같다. 주위에 아무런 풍경도 보이지 않고, 어두운 길 위로 휙휙 지나가는 점멸 차선과 전방 자동차의 빨간 백라이트가 마치 수면을 유도하는 최면술사의 회중시계처럼 느껴지는 그 고통스러운 시간들. 그 시간을 줄이려면 낮에 조금이라도 더 밟아야 한다.

　그나마 아침잠이 적은 편인 내가 긴 하루의 첫 운전대를 잡았다. 새벽부터 서두

르느라 아직 잠에서 깨어나지 못한 파트너에게 특별히 오늘만은 아침부터 조수석에서 달콤한 수면 시간을 허락했다. 보아하니 적어도 운전교대를 3~4회 이상 해야 될 판. 시간 날 때마다, 잠이 올 때마다 부지런히 잠을 자두어야 한다. 먼 거리를 달려야 하는 만큼 적정 운전 교대 시간은 2시간 정도로 짧게 끊어 잡았다. 아직까지 4시간 정도는 거뜬히 한방에 달릴 수 있는 체력이라고 생각하지만, 수십 일에 걸친 장거리 레이스에서 쓸데없는 의욕으로 무리수를 둘 필요는 없다. 졸음운전의 위험이 언제나 도사리고 있기 때문이다.

특히 미국의 경우는 도시 간 거리가 멀고, 차량 통행량이 매우 적은 외딴 도로가 많아 졸음운전을 유발하는 지루함이 상상을 초월한다. 커브 구간이 많아 다이내믹한 유럽 도로나 아름다운 주변 풍경에 눈이 획획 돌아가는 호주의 해안도로 등과는 비교가 안 된다. 가도 가도 끝없는 직선 도로의 연속. 운전대에 손을 올려놓을 필요가 없을 정도다.

끝없이 뻗은 직선 도로

발운전 인증 사진
뉴멕시코 주를 떠나며

"야, 이거 발로 운전해도 되겠는걸."
"형님, 진짜로 한 번 해볼까요?"
"그, 그건 좀 위험하지 않을까?"

운전한 지 두 시간이 지나 파트너에게 운전대를 넘겨준 후 조수석에서 곧바로 달콤한 단잠에 빠져들었다. 왠지 차가 흔들리는 듯한 느낌이 들어 살짝 눈을 뜨고 옆을 보니, 어이구. 이 친구 아까 나눈 농담을 진짜 실행에 옮기고 있었다.

Episode 11

매춘하는 자들에게
손가락질 하지마라

동쪽으로 끝없이 뻗은 도로. 전방 윈도우에서 태양이 사라져 버린 지 오래다 싶더니, 어느덧 달려온 길 뒤편의 지평선과 맞닿은 하늘 위로 노을이 붉게 물들기 시작한다.

사이드미러로 보이는 아름다운 장관을 잠시 넋을 잃고 바라 보다 문득 어젯밤 꿈에 나왔던 스칼렛 요한슨을 닮은 미녀 앵커의 질문이 생각났다.

사이드미러에 비치는 일몰

"광활한 미국 대륙을 50일간 자동차로 종횡무진 달리다니, 대단한데요. 힘들지 않았나요? 도대체 왜 이런 미친 짓을 하는 거죠?"

로드 트립을 하는 이유라.

하고 싶으니까 하는 거지 별다른 이유가 있나? 힘들지 않느냐고? 전혀 아니다. 정말 해보고 싶었던 일이니까. 하고 싶지 않은 일을 하는 편이 훨씬 더 힘들다.

하기 싫은 일이지만 돈을 벌기 위해, 혹은 다른 어쩔 수 없는 이유로 인해 아까운 '청춘'의 시간을 '팔며' 그 일을 하고 있는 것. 그게 바로 '매춘 賣春'의 또 다른 정의다. 매춘하는 이들에게 손가락질 하지마라. 서로가 별로 다르지 않다. 우리 모두 그러하듯 그들도 고달프고 힘들다. 돌을 던질 이유도, 그들을 동정하며 로맨스에 빠질 이유도, 그들을 가르치려고 할 이유도 없다. 다 주제넘은 일이다. 너무너무 하기 싫지만, 나름의 이유가 있어서 그 일을 어쩔 수 없이 묵묵히 하고 있을 뿐이다. 거기에다 대고 조직의 비전을 강요하거나, 넌 도대체 꿈이 뭐냐고 훈계하거나, 그 일을 즐겁게 하는 방법에 대해 설교할 필요도 없다. 별로 관심도 없고, 졸리고 짜증나는 이야기다. 어쩔 수 없이 그 일을 하고 있는 사람에게 필요한 처방은 그 어쩔 수 없는 사정을 해결해 주는 것뿐이다.

하지만, 그 어쩔 수 없는 이유 자체가 뭔가 생각만 해도 신나고 행복한 대상인 경우에는 '매춘'도 기꺼이 즐거운 일일 수 있다. 누군가에게는 언젠가 이루고자 하는 꿈을 위한 준비일 수 있고, 누군가에게는 사랑하는 가족과 보내는 행복한 시간일 수 있으며, 누군가에겐 통장에 쌓여가는 잔고일 수도 있다.

돈을 받고 안 받고의 문제가 아니라 시간을 어떻게 보내느냐의 문제다. 별다른 목표나 이유 없이 하기 싫은 일을 매일 하며 청춘을 그냥 소진하고 있느냐, 아니면 생각만 해도 신나는 무언가를 하기 위해, 혹은 그런 일을 실제로 하면서 시간가는 줄 모르고 하루하루를 보내며 사는가에 대한 차이.

　세상에서 사람이 하는 모든 일은 이 두 종류일지도 모른다. 하기 싫지만 해야 하는 일과 그냥 하고 싶어서 하는 일. 지금 하고 있는 로드 트립은 분명 너무나도 해 보고 싶었던 일 중 하나다. 힘들 리가 있겠는가? 언젠간 이 로드 트립도 끝나겠지만, 아직은 아니다. 나는 지금 길 위에 있지 않은가. 지금은 그저 행복할 뿐이다.

　사실 이 행복한 시간 속에서도 나는 부분적으로 '매춘'을 하고 있다. 여행 경비를 충당하기 위해 밤마다 써댄 후 다음날 웹사이트 게재를 위해 느려터진 모텔방 인터넷으로 꾸역꾸역 전송하고 있는 여행기와 사진들. 하루 종일 운전하느라 녹초가 된 몸으로 모텔에 들어가면 내일 계획 점검하기도 바쁜데, 그 상태에서 매일 글을 써야 하니 제대로 나올 리가 없다. 게다가 여행 경비를 일부 도와준 협찬사가 자기 내용도 실어 달랜다. 도움을 받았으니 어떻게든 실어줘야 하는 게 당연하다. 하지만, 글은 더욱 더 걸레가 되어간다. 아니나 다를까 악플이 달리기 시작한다. 글이 쓰레기란다. 내가 봐도 사실 그렇다. 이건 내가 여행 경비를 벌기 위한 매춘이니까, 내가 먹는 욕은 바로 이 매춘의 대가다.

언젠가 제대로 심정을 밝힐 기회가 올지도 모르겠지만. 여행 중인 지금은 아니다. 맞는 소리니까 대응할 이유도 없고, 무엇보다 그럴 여유가 없다. 왜냐하면 내일 또다시 달려야 하고, 지금은 그래서 잠을 자야 하니까. 그게 로드 트립이다.

'흠. 이정도면 꽤나 괜찮은 인터뷰 답변인데.'

하루 종일 잠은 운전대 덕에 어젯밤 꿈속에서 횡설수설 답변했던 이야기들이 나름 정리됐다는 생각에 스스로 뿌듯해 할 무렵, 어느새 주위는 어둑어둑해지며 야간운전 시간대로 접어들었다. 조수석에서 잠에 골아 떨어져 있던 파트너가, 아까부터 잠에서 깨어나 뭔가 꼼지락거리며 만들더니, 그걸 다시 사진으로 찍고 있는 게 곁눈질로 느껴진다. 이젠 이 친구의 돌발행동이 별로 놀랍지도 않지만, 궁금한 건 어쩔 수 없어서 한 마디 해본다.

"뭐하냐? 빛이 없어서 사진 초점도 안 맞을 텐데."

이 친구 언제나 그렇듯, 또다시 뜬금없는 대답을 짧게 던진다.

"그래도, 기록은 남겨야죠. 역사적인 순간인데."

하루에 1,000킬로미터를 넘게 달리다
뉴멕시코 주의 외곽도로 풍경

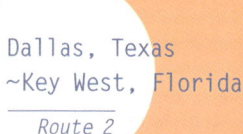

Dallas, Texas
~Key West, Florida
Route 2

Episode 12

댈러스 공짜 숙소가 없어지다

"The purity of the road.
The white line in the middle of the highway
unrolled and hugged our left front tire
as if glued to our groove."

"길의 정갈함이란.
우리의 주행 리듬에 맞추어
도로의 하얀 중앙선이
자동차의 왼쪽 타이어에 말려 올라갔다
다시 펼쳐진다."

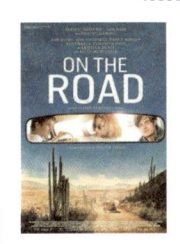

On the Road(2012)

40번 도로를 타고 텍사스 주를 서북쪽에서 진입했다. 주 경계를 넘어 첫 도시 애머릴로 Amarillo 에서 멕시칸 푸드로 점심을 간단히 때운 후 다음 목적지인 댈러스까지 이르는 700여 킬로미터 구간을 거의 논스톱으로 달려왔건만, 아직 광활한 텍사스 주의 절반도 가르지 못했다.

원래는 댈러스에서 2박을 할 예정이었다. 미국에 와서 알게 된 신혼부부가 댈러스에 새 살림을 차리는데, 흔쾌히 자기 집 거실에서 2박을 해도 된다고 했다. 음. 신혼부부 집에서 2박을? 무리가 아닐까 하는 생각이 들었지만, 숙박비 절약을 위해서라면 마구간이라도 고맙게 여겨야 할 판국 아닌가. 감사한 마음으로 댈러스로 향하고 있었는데, 도착하기 불과 몇 시간 전에 문자가 하나 날아 왔다.

텍사스 주 경계 표시판
텍사스 주 경계 진입
텍사스 주의 바이커들

'죄송합니다. 저희가 신혼 여행지에 좀 더 머물기로 해서요. 다음에 모실게요.'

정말일까? 뭔가 다른 사정이 생겼거나, 아니면 갑자기 재워주기 귀찮아졌거나 해서 둘러대는 문자처럼 보인다. 하지만, 진위 여부는 중요하지 않다. 괜한 의심을 하며 소설을 써댈 시간도, "어떻게 바로 몇 시간 전에 이럴 수가!"하며 화낼 여유도 없다. 남은 로드 트립 여정 속에서 이 정도의 변수는 부지기수로 발생할 터. 돌발 변수를 있는 그대로 받아들이고, 재빨리 대안을 찾아내는 데에 집중해야 한다. 그러지 못하면 쓸데없는 고민과 분노로 인해 심리적, 육체적 밸런스가 무너져 일정 자체가 전체적으로 어그러지는 난국에 빠질 수도 있다.

다른 사람의 말이나 환경에 상처받지 않고 재빨리 다음 단계로 넘어가는 것은 로드 트립의 중요한 룰 중 하나다. 누군가의 말을 의심하거나, 배신감에 상처받고 있을 시간적 여유도, 그럴 이유도 없다. 아니다 싶으면 재빨리 떠나고, 맞다고 생각되면 일단 믿고 다음 단계로 나아가야 한다. 힘들어하며 정지해 있을 시간 따윈 로드 트립에서는 사치다.

문자를 받자마자 그 신혼부부에게 행복한 결혼 생활을 기원하는 간단한 감사의 답문을 날린 후 곧바로 일정 수정에 들어갔다. 어쩌면 잘된 것 일런지도 모른다. 이런 돌발 변수가 '새옹지마'인 경우가 더 많았다. 돌발 변수가 별로 없는 회사원의 삶을 떠난 최근 3년 동안 일어났던 사건들을 돌이켜 볼 때 꽤 많은 경우가 그러했다. 그 중에서도 으뜸은 바로 이 로드 트립을 떠나기 직전에 겪은 일.

2012년 연말, 미국에 온지 2년 만에 처음으로 이사를 하게 되었는데, 들어가기로 예정되어 있던 집으로부터 이사 예정일 열흘 전 입주불가 통보를 받았다. 이미 살고 있던 아파트의 퇴거일은 결정되어 있었고, 정말 말 그대로 길거리에 나 앉아야 할지도 모르는 판국. 패닉 상태로 부랴부랴 주변에 미친 듯이 SOS를 쳐댔고, 마침 근처에 살면서 2개월 동안 한국에 들어가게 된 친구와 겨우 연락이 닿아 그 집에 서블렛 Sublet 비용을 내고 임시로 있게 되었다.

황급히 분해한 가구들의 잔해와 제대로 싸는 둥 마는 둥 한 이삿짐 박스들을 이사한 집으로 겨우 옮겨놓았다. 어차피 두 달 뒤에 또 어디론가 이사를 가야만 하는 신세라 짐들을 풀지도 않고 그대로 한쪽 벽에 쌓아두었다. 그렇게 2012년의 마지막 날을 남의 집 마루에 매트리스 하나만을 깔아놓고 그 위에 누워 홀로 보내게 되었다. 자정이 되면서 TV에서는 2013년 새해를 알리는 불꽃이 터지고, 연인들이 키스를 해대는 장면이 계속 나오고, 그걸 바라보고 있자니 더욱 더 내 신세가 처량하게만 느껴졌다. 그 순간 갑자기 이런 생각이 들었다.

가만, 이왕 이렇게 이역만리 이국땅에서 머물 집도 없어진 김에 그동안 꿈꿔왔던 '미 대륙 횡단 로드 트립'을 떠나보는 건 어떨까. 내야할 집세도 없고, 이렇게 한쪽에 짐도 이미 쌓아 놨고, 어차피 두 달 뒤에 집주인이 돌아오면 나는 다시 어디론가 쫓겨나야 할 판국 아닌가. 어쩌면 운명이 나에게 보내는 시그널인지도 모른다. 생각이 여기까지 흘러가자 지체 없이 인터넷 브라우저를 열고 지도를 그리기 시작했다.

만약, 그때 나에게 갑자기 길거리에 나앉게 되는 일이 벌어지지 않았다면, 대륙 횡단 로드 트립은 아직까지도 언젠가 꼭 해야지 하는 버킷리스트로만 간직하고 있었을 수도 있다. 하지만, 그 일 덕분에 나는 길을 떠나게 되었고, 지금 여기 텍사스까지 오게 된 것이다. 마찬가지로 오늘 잘 곳이 갑자기 없어지긴 했지만 이게 또 어떤 결과로 이어질지 모른다. 속상해 하거나 반성 같은 것은 나중에 해도 된다. 지금은 일단 수습할 때다.

서부 영화 속 황무지 텍사스는 옛말

성조기와 함께 걸린 텍사스 주 깃발

광활하기 그지없는 텍사스 주는 미국 내 '2등'이다. 넓이로도 그렇지만 놀라운 건 인구수로도 2등이라는 점. 우선 넓이는 70만 제곱킬로미터로 남북한 합쳐 놓은 면적의 3배가 넘는다. 참고로, 이 사이즈는 넓이 1등인 알래스카 주의 절반도 되지 않는 면적. 이런 주가 50개 넘게 합쳐져 있는 나라가 미국이다. 인구는 캘리포니아 주 다음으로 많은 2등이다. 미국 내에서 인구 순으로 탑10 안에 드는 도시가 텍사스 주에 3개나 있기 때문이다. 휴스턴 Houston 4위, 샌안토니오 San Antonio 7위, 댈러스 Dallas 9위 순 2012년 기준.

이렇게 대도시가 많은 텍사스인지라, 이 주를 배경으로 한 옛 서부영화 같은 데서 보이는 흙먼지 잔뜩 날리는 인적 드문 황무지 사막의 텍사스 주 모습은 실제로는 이 지역에서 만나보기 힘들다. 주 전체 면적의 10%도 채 되지 않는 실제 황무지 지역은 그나마 멕시코와 접경한 남서부 지역에 치우쳐 분포되어 있고 나머지 대부분의 지역은 푸른 초원, 농장이나 목장, 혹은 우거진 숲 그리고 거대 도시 지역 등으로 이루어져 있다.

텍사스 주민들은 그들이 텍사스 출신이라는 것에 강한 자부심을 가지고 있어서, 스스로를 텍산 Texan 이라 부르며 다른 주의 미국인들과 구분 짓는다. 이들의 주 깃발에 대한 애착 또한 성조기에 대한 그것을 능가하는 수준이다. 많은 텍사스 주 건물들에 주 깃발이 성조기와 함께 걸려 있는 것을 볼 수 있는데, 이는 다른 주에서는 보기 힘든 풍경이며, 심지어 어떤 건물에는 성조기 없이 주 깃발만 걸려 있는 경우도 있을 정도이다.

Episode 13

미시시피 강변의 연인

댈러스의 아침햇살

급하게 당일 전화 예약으로 잡은 도시 외곽 호텔에서 맞이한 댈러스의 아침. 스타벅스 모닝커피 생각도 나고, 다운타운 모습도 궁금해서 무심코 도심으로 들어가다가 출근길 정체에 걸렸다. 하지만 그 막힘 정도가 서울이나 LA에 비교하면 귀여운 수준이다. 하이웨이 위의 느린 흐름을 타고 있는 자동차 안의 운전자들 표정도 평안해 보이고, 조금이라도 빨리 가려고 서행하는 차선을 급변경하는 차량의 모습은 전혀 보이지 않는다.

댈러스 도심의 아침 풍경

원래 당일치기 왕복 운전으로 오스틴을 거쳐 샌안토니오를 본 후, 다시 댈러스로 돌아와 다음날 휴스턴으로 가는 일정이었지만, 공짜 숙소가 없어진 댈러스에서 2박을 할 이유도 함께 없어졌기에 샌안토니오에서 1박 후 거기서 휴스턴으로 바로 가는 일정으로 바꿨다. 댈러스와 샌안토니오 거리는 275마일 440km로 딱 서울 부산 간 거리. 텍사스 주 도로에 차가 있으면 얼마나 있을까라는 생각에서 잡은 왕복 일정이었는데, 막상 도로를 달려보니 그 일정이 애당초 얼마나 무리한 계획이었는지 곧 깨닫게 되었다.

　　경부선과 비슷한 건 거리만이 아니었다. 교통량도 조금 과장해서 비슷한 수준이었다. 텍사스의 교통량을 얕봐도 한참 얕봤다. 평일 낮인데도 중간 중간 지체 구간이 꽤 보일 정도로 도로는 전혀 한산하지 않았고, 구간 전체가 크고 작은 도시들로 계속해서 연결된 메트로폴리탄 지구 형태를 취하고 있었다. 결국, 그 신혼부부가 일정을 취소해 준 것이 오히려 감사한 일이 되었고, 덕분에 동선이 자연스럽고 편안해져 오스틴과 샌안토니오 두 도시 모두 여유롭게 즐길 수 있게 되었다.

　　세상 일이 대부분 그렇듯, 로드 트립 상에서 일어나는 많은 일들에는 나름의 순리가 있다. 다 이유가 있어서 일어나는 일들이고, 그 이유를 꼭 나와 연결해서 생각할 필요도 없다. 맞바람은 거스르면 안 된다. 그래봤자 자기만 힘들고, 바람은 무심히 계속 분다. 그 바람이 어디서부터, 왜 불기 시작한 건지 알 수 없지만, 분명한 건 나로 인해, 혹은 나를 위해서만 불 리가 없다는 것. 그런 바람을 만날 때는 그저 바람을 믿고 몸과 마음을 맡겨야 한다. 마치 요트로 항해하듯이 말이다.

음악 도시 오스틴 거리의 기타 형상
오스틴 시청 앞 공연

Well, it's not far down to paradise, at least it's not for me
And if the wind is right, you can sail away and find tranquility
Oh, the canvas can do miracles. just you wait and see. Believe me.

Sailing takes me away to where I've always heard it could be
Just a dream and the wind to carry me
And soon I will be free

낙원은 그렇게 멀지 않아요, 적어도 내게는 그렇죠
제대로 된 바람만 만난다면, 언제든 평안을 찾아 돛을 달고 떠날 수 있어요
그러면 하늘의 캔버스는 기적을 연출하죠, 기다려 봐요, 날 믿고서

세일링은 언제나 내가 꿈꾸던 그곳으로 안내하죠
나를 인도하는 꿈결, 바람결 따라
거기서 나는 자유로워질 거예요

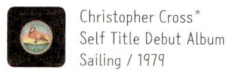

Christopher Cross*
Self Title Debut Album
Sailing / 1979

구름 한 점 없는 화창한 봄 하늘 아래로 뻗은 35번 도로를 약 3시간 정도 달려 내려가자, 저 멀리 텍사스 주도 오스틴의 소박한 스카이라인이 눈에 들어온다. 오스틴은 음악 도시다. 도시의 슬로건조차 'Live Music Capital of the World세계 라이브 음악의 수도'인 이곳은 미국의 많은 인디 뮤지션들에게 있어 기회의 도시다. 특히 3월 중순에 열리는 Music & Film 페스티발일명 SXSW 기간에 도시 내의 6번가를 중심으로

★ 텍사스 주, 샌안토니오 출신의 싱어 송 라이터. 'Sailing'이 실린 데뷔 앨범으로 1980년 그래미 상 5개 부문 수상. 그래미 역사상 4대 주요부문 올해의 앨범, 올해의 노래, 올해의 레코드, 남자신인가수을 데뷔한 해에 휩쓴 유일한 아티스트

분포되어 있는 수십 개의 클럽과 바에서 일주일에 걸쳐 수백 팀의 무명 밴드들이 라이브 공연을 해댄다.

아쉽게도 페스티발 일정이 여정과 일주일 정도 어긋나 있었지만, 내가 꼭 보고 싶은 밴드가 나오지 않았기에 미련은 없었다. 콘서트를 꽤 좋아하긴 하지만, 처음 보는 밴드의 라이브를 오래 듣는 것은 사실 지루한 일이다. 더군다나 스스로가 미국 내에서 무명 뮤지션인 만큼, 이곳은 나에게 단순한 관광지일 수 없다. 직접 와서 도시의 기운을 느끼고 싶었고, 지금 충분히 그러고 있다. 그러면 된 거다.

어디선가 들려오는 음악에 이끌려 시청 앞까지 걸어갔다. 이곳 고등학교 학생들로 보이는 빅 밴드 공연. 주변에서 부모나 친구들이 비디오카메라로 촬영하는 모습이 딱 동네 학예회 정도의 느낌이지만, 참여하는 어린 뮤지션들의 모습이 제법 진지하고 음악도 꽤 들을 만하다. 어딜 가나 음악이 공기처럼 자연스레 흘러넘치는 오스틴. 언젠가 내 음악으로 꼭 다시 방문하고 말리라. 또 하나 꿈이 생겼다.

한참을 걷고도 왠지 이대로 떠나기 아쉬워 도시 외곽의 '마운트 보넬 Mount Bonnell'이라는 곳을 들렀다. 도시를 관통하는 콜로라도 강줄기가 한눈에 내려다 보이는 언덕. 고요히 흐르는 강줄기가 눈부신 햇살을 여과 없이 튕겨내고 있는 모습이 황금빛 물결이라는 단어를 절로 떠오르게 한다. 감흥에 젖어 한참동안 강물을 하염없이 바라보고 있는데, 한동안 안보이던 파트너가 어디선가 뛰어내려 오더니 뜬금없이 자신의 휴대폰으로 찍은 사진을 하나 보여준다.

"형님, 대박 작품사진 하나 건졌습니다. 어떻게 저런 곳에서 데이트를?"

전망대 지붕 위의 연인

　마침 한 커플이 전망대 차양 구조물 위에 올라 앉아 함께 다정한 모습으로 강을 바라보며 영화 한 장면을 연출하고 있는 모습을 파트너가 발견하고, 굳이 그곳으로 기어 올라가 불편한 자세에서 용케 파노라마 샷으로 제대로 돌려 찍고 내려온 것이다.
　우리도, 그들도 어쩌면 훗날 이 책에 한 장의 사진을 남기기 위해 이 시간에

이곳을 우연히 찾게 된 걸지도 모른다. 지금도 잘 지내고 있을까? 혹시나 언젠가 이곳을 다시 방문하게 되었을 때, 이 사진이 인연이 되어 저들을 다시 만나게 되지는 않을까?

말도 안 되는 상상이지만, 아무도 모르는 일이다. 로드 트립에서는 정말 말도 안 되는 우연이 때때로 일어나기도 한다.

Episode 14

조화와 공존의 도시
샌안토니오

"세상에. 주차비가 이렇게 싸다니……."

텍사스 주 남부 도시 샌안토니오. 그래도 미국 내 10대 도시 중 하나인데, 다운타운으로 걸어 들어갈 수 있을 정도로 가까운 곳에 위치한 주차장이 하루 종일 주차비 3달러. 정말 너무 싸다. 좀 허름해 보이긴 하지만, 불안한 정도는 아니라 그냥 차를 세웠다. 주차비를 내는 시스템은 허술하다 못해 웃음이 나온다. 녹슨 자물쇠로 잠겨 있는 우편함

샌안토니오 자율주차 시스템

고풍스러운 극장과 전차　　　　　　　　　다운타운의 현대식 구조물

모양의 머니박스 틈으로 지폐를 똘똘 말아 구겨 넣으라고, 박스 아래쪽에 친절하게 그림까지 곁들여 깨알같이 설명되어 있다. 신용카드 결제가 될 리는 만무하고 주위에 지켜보는 사람도 보이지 않는 완전 자율 아날로그 결제 시스템이다. '위반 시 견인 Violators will be towed'이라는 문구만이 공짜 주차의 유혹을 억제하는 유일한 수단.

　　값싼 주차비에 홀가분해진 발걸음으로 다운타운으로 걸어 들어갔다. 방금 본 주차 시스템 만큼이나 오래 되어 보이는 고풍스런 건물들과 개성 넘치는 현대 건축물들이 조화롭게 어우러져 있는 모습이 몇 차례 방문한 적 있는 시카고의 느낌과 많이 닮아 있다.

　　다운타운을 좀 더 깊숙이 걸어 들어가니, 먼 옛날 미국이 이 지역을 자기네 땅으로 만들기 위해 멕시코와 벌인 전쟁의 격전지로 유명한 '알라모 Alamo 요새'가 보인다.

알라모 유적지를 찾은 관광객들
아름다운 강변 산책로 리버워크

텍사스 주 최고의 관광지답게 많은 사람들로 북적대고 있었지만, 미국인이 아닌 나에게는 별로 매력적이지 않았다. 물론, 당시 죽음을 불사하고 3천 명의 멕시코 군과 끝까지 맞서 요새를 지키고자 한 텍사스 주 의용군 186명의 투혼과 용기는 높이 사지만, 누구에겐 개척의 역사가 또 다른 이에겐 침략의 역사로 남게 되는 것. 내게는 미국 초기 역사의 대부분인 남의 땅 뺏기 과정의 허울 좋은 단편 중 하나로 여겨질 뿐이다. 이 전쟁을 빌미로 삼아 미국은 텍사스 주를 멕시코로부터 빼앗을 수 있었지만, 그로부터 180년이 지난 지금 이 도시 인구 63%는 히스패닉 계인 '라티노 Latino'이고, 그 중 절반이 넘는 인구가 멕시칸이다. 결국은 이렇게 공존하게 될 것을 그 전쟁은 무엇을 위한 희생이고 누구를 위한 죽음이었을까.

아직도 포화 냄새가 가시지 않은 듯한 이 전쟁 유물을 떠나 걸은 지 5분도 채 안 되었을 때, 사뭇 다른 분위기의 평화롭고 아름다운 곳에 도달했다. 샌안토니오의 또 하나의 명물 '리버워크 Riverwalk'. 약 백 년 전 이곳 주민 50명의 목숨을 앗아간 '샌안토니오 강 범람 사건'을 계기로 도시는 상류에 댐을 세우고 물줄기의 흐름을 바꾸는 대대적 공사를 했고 이를 통해 강 주변의 범람을 원천적으로 막았다. 안전이 보장된 강 주변에는 아름다운 건물들과 예쁜 식당들이 하나둘씩 들어서고, 근사한 나무들로 우거진 멋진 산책로가 가꾸어지며 점차 미국 내 최고의 강변 산책길로 명성을 얻기 시작했다.

오래된 석조 빌딩과 초현대식 구조물간의 조화, 전쟁 이후 찾아온 공존, 끔찍한 재난으로부터 진화된 아름다운 경관. 고작 반나절을 보냈을 뿐인데, 이 도시의 도처에서 느껴지는 균형감에 꽤나 매료되어 쉽사리 도시를 떠날 수가 없었다. 결국 리버워크를 이리저리 걷다가 늦은 밤을 다운타운에서 그냥 맞이했다.

"형님, 이 까사리오 Casa Rio라는 곳이 이 리버워크 식당들 중 가장 먼저 들어선 식당이래요. 처음에 다들 위험하다고 입점 꺼려할 때, 제일 먼저 총 대 메고 들어섰는데, 장사가 잘 되자 그 뒤로 다른 식당들이 줄줄 따라서 들어왔다는데요."
"오 그래? 이런 훌륭한 식당에선 꼭 한 번 먹어줘야겠지?"

다들 같은 생각을 해서일까, 꽤 늦은 저녁 시간인데도 대기 손님이 상당히 많았다. 하지만 여유롭고 은은한 조명이 깔린 리버워크의 아름다운 야경 덕에 기다리는 시간이 전혀 지겹지 않았다. 저 멀리 보이는 강변 야외 콘서트 홀, 그 앞을 유유자적

지나는 커다란 카누, 그 위에서 행복한 웃음소리를 강물 위로 연발 흘려대는 관광객들. 모든 것이 한 폭의 아름다운 그림 속 풍경처럼 보이며 순간 며칠 더 이곳에 머물까하는 유혹에 강하게 휩싸였다. 하지만 이내 고개를 흔들며 고쳐 생각했다.

아냐, 이 정도가 딱 좋다. 언젠가 지금의 이 느낌이 또 하나의 가슴속 그리운 순간이 되어 나를 이곳으로 다시 이끌지 모르지만, 지금은 떠날 때다. 보고. 느끼고. 떠나고. 그것이 로드 트립 아닌가. 그래, 지금 이 느낌과 순간을 기억 속에 고이 간직한 채 떠나자, 다시 떠나자.

다음날 아침이 밝자마자 우리는 다시 길을 떠났다.

샌안토니오 도시의 밤 풍경
리버워크의 식당들
까사리오 식당

Episode 15

배를 타고 바다를 건너, 'Wetland'로

Rubin _ It's supposed to be a challenge, it's a shortcut!
If it were easy it would just be the way
루빈 _ 만만치 않으니까 지름길인 거야.
쉬웠으면 그냥 길이라 했겠지

Road Trip(2000)

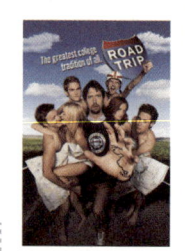

"아. 이 점선은 뭘까? 이쪽으로 갈 수만 있으면 시간이 꽤 절약될 텐데."

휴스턴을 지나 다시 뉴올리언스까지 달린다. 휴스턴 남쪽에 위치한 나사 스페이스 센터를 둘러보느라 꽤나 지체된 일정. 다시 동쪽으로 향하는 10번 도로를 타기 위해 올라오는 길에, 지도를 보니 질러가는 길이 있는 것 같아서 그쪽으로 달렸다. 헌데 막상 근처에 와서 내비게이션 지도를 다시 자세히 보니 바다 위로 표시되어 있는 길이 점선이다. 다리가 있는 줄 알고 왔더니 아닌가 보다. 확인해 보려 했는데 인터넷도 안 터진다. 무작정 바닷가로 더 들어가기 전 운전대를 꺾어 차를 안전한 곳에 세우고 잠시 생각해 보았다. 마침 차 안에 어제 먹다 남은 음식들도 있고 해서, 그걸로 허기도 채울 겸.

흠. 점선은 보통 뱃길인데, 내비게이션은 자동차 경로를 왜 이쪽으로 안내했을까? 자동차를 실을 수 있을 정도로 큰 페리가 다니나? 큰 페리가 다니기엔 매우 짧은 거리 같은데. 만약 페리라고 해도 배가 얼마나 자주 있을까? 배가 안다니면 어떡하지? 괜히 바닷가까지 들어갔다가 다시 돌아 나와야 한다면 시간이 꽤나 걸릴 텐데. 얼마 안 되면 해도 지고……. 생각이 길어지자 이쪽으로 길을 안내한 내비게이션까지 원망스러워진다. 이쯤 되면 생각을 멈춰야 한다.

사실, 이 길로 들어선 이상 고민 자체가 필요 없는 상황이다. 어쨌든 끝까지 가 봐야 한다. 가서 확인해 보는 수밖에 없다. 이대로 그냥 차를 돌리면 들어온 시간도 아깝거니와, 무엇보다 이 점선의 정체가 뭔지 궁금해서 못 견딜 것이다. 그게 더 미친 짓이다. '앓느니 죽자'는 심정으로 우리는 좁다란 왕복 2차선 도로에 다시 올라, 뭐가 있는지 알지 못하는 그곳 바닷가로 달려 들어갔다.

점선의 정체는 셔틀 도선

셔틀 도선 위에 올라탄 자동차들
루이지애나 주 표지판에서 기념촬영 중인 사람들
루이지애나 주 가로수
미시시피 주 가로수

점선의 끝자락으로 다가가면서 나타난 광경에 우리는 안도의 한숨을 내쉬었다. 점선의 정체는 셔틀 도선이었다. 뻔히 보이는 건너편으로 차를 건네기 위해 짧은 거리를 자그마한 도선이 왔다 갔다 하면서 차량들을 실어 나르고 있었던 것. 이 정도 거리면 그냥 다리를 놓으면 될 것을, 왜 이런 거추장스런 시스템을 아직도 유지하고 있을까하는 생각이 순간 들었지만, 그건 내 알 바 아니다. 중요한 사실은, 곧바로 바다를 건널 수 있게 된 것. 그것만으로 충분히 감사해야 할 일이다.

대기 시간 없이 곧바로 도선 위로 올라탄 다음 곧장 시동을 껐다. 그러고 보니 둘 다 편히 쉬며 이동하는 게 처음이다. 창문을 끝까지 내리고 좌석을 뒤로 눕혀 편안한 자세로 기대니 바닷바람이 솔솔 들어온다. 단축된 이동 시간에, 꿀맛 같은 휴식에, 마치 비디오 게임에서 정신없이 단계단계 깨부수며 올라가다 뜻밖의 보너스 스테이지를 만난 것 같은 느낌이다. 한껏 기분이 좋아지며 풍요로워진 마음에 내비게이션에게 의심해서 미안하다며 사과까지 해보지만, 죄 없는 내비게이션은 답이 없다.

다시 올라탄 10번 도로의 주변 풍경은 종전까지의 텍사스 내륙 지역의 그것과 사뭇 달랐다. 간간이 호수들도 보이고, 강을 건너가는 다리들도 자주 나타나더니, 마침내 루이지애나 주 간판이 오른쪽에 나타났다. 그 앞에서 기념사진을 찍고 있는 한 가족들의 모습에 용기를 얻어 우리도 사진을 찍기 위해 뒤쪽에 차를 세웠는데, 간판 아래의 주 슬로건을 보고선 깜짝 놀랐다.

'America's Wetland'

불과 몇 년 전 태풍 카트리나로 인해 큰 피해를 입은 루이지애나 주. 그럼에도 불구하고 이 주 슬로건이 그대로 달려 있는 것이 아이러니하고 신기해보일 정도다.

더욱 신기한 것은 이 간판이 서 있는 지점 이후에 나타나는 풍경의 변화였는데, 주 경계를 기점으로 도로 주변 나무들의 모습이 거짓말처럼 다른 형태로 바뀌어 있다. 마치 누군가가 그렇게 다르게 심어 놓은 것처럼 말이다. 이런 현상은 미국의 남동부 해안가의 주들을 지나갈 때마다 계속 나타났는데, 주 경계를 넘을 때마다 건너게 되는 큰 강들이 아마도 생태계의 경계선으로 작용한 것 같다.

절약된 운전 시간을 활용해 뉴올리언스로 들어가기 전에 미시시피 강 하구 쪽으로 먼저 내달려 보았다. 카트리나가 할퀸 상처가 아직 아물지 않은 채 여기저기 흉물스럽게 남아 있다. 신이 만든 자연은 언제 그랬냐는 듯 완전히 회복된 모습이지만, 인간이 만든 건물들은 몇 년째 찢기고 부서진 채 그대로 방치되어 있었다. 왠지 가슴이 아려와 잠시 차를 세우고 거대하게 흐르는 황톳빛 미시시피 강물을 바라보며 애도의 시간을 가졌다. 스쳐 지나가는 여행자가 할 수 있는 최소한의 예우라 여기며.

미시시피 강 하구의 부둣가

Episode 16

뉴올리언스에
달이 뜨면

Lestat_ *Now look, with your Vampire eyes.*
 What did you see?
Louis_ *No words can describe it.*
레스타트_ 자 이제 너의 뱀파이어의 눈으로 바라봐.
 뭐가 보이지?
루이스_ 말로 형언할 수 없어.

Interview with the Vampire(소설 1976, 영화 1994)

한밤중에 도착한 뉴올리언스. 주변에 늪지가 많아서일까, 도시 분위기는 축축하다 못해 스산한 기운마저 감돈다. 도심에서 벗어나 숙소 쪽으로 운전해 가니 주위 풍경은 더욱 황량해져만 갔는데, 예약한 호텔 진입로에서 우린 그만 입이 딱 벌어졌다. 그래도 저가 호텔 체인 중 나름 인지도 높은 '버짓 랏지 Budget Lodge' 브랜드를 믿고 예약한 건데, 황량한 도로 뒤켠에 'INN여관'이라고만 적힌 우뚝 선 낡고 오래된 아파트 건물이 우릴 물끄러미 내려다보고 있다.

마지막 알파벳 'N'의 불마저 꺼져 있는 통에 'IN들어오시오'이라고 읽히는 빨간 불 간판 하나 덜렁 달린, 흑인 마을 외딴 곳 한가운데 있는 모텔이라니. 게다가 마

뉴올리언스 거리
음산한 느낌의 숙소

지못해 들어간 로비에 웅크리고 앉아 있는 매니저조차 영어 발음 알아듣기 어렵고 무뚝뚝하기 그지없는 인도인이다. 이제 와서 예약을 바꿀 엄두도 안 나고, 시간도 너무 늦었다. 모텔 방으로 꾸역꾸역 짐들을 들여 놓은 후 우리는 약속이나 한 듯 잠시 침묵의 시간을 가졌다. 이젠 이것도 꽤나 익숙하다. 서로 말을 걸지도, 애써 어색한 분위기를 괜한 대화로 채워 넣으려고 하지도 않는다. 그저 간간히 섞인 한숨과 함께 묵묵히 자기 짐을 정리할 뿐. 서로 어떤 생각을 하고 있는지 알지만 굳이 힘 빠지는 이야기는 입 밖으로 꺼낼 필요 없다.

'여기서 자그마치 2박을 보내야 하다니, 휴.'

날이 밝은 뒤 다시 찾은 재즈의 도시 뉴올리언스. 어젯밤 첫인상의 충격에서 아직 헤어 나오지 못한 듯, 꽤나 쾌청한 날씨에도 마침 다운타운에서 열리고 있는 세계 맥주 축제International Beer Festival를 찾아가 무제한 맥주에 맘껏 취해 봐도 그다지 재즈 무드로 기분이 바뀌지 않는다. 대신 얼큰히 취한 덕에 두려움은 좀 가신 듯, 대담해진 발걸음으로 커널 스트리트 Canal Street로 뚜벅뚜벅 향했다. 커다란 야자수와 딸랑딸랑 지나가는 전차의 부산스러움은 어디선가 관광책자에서 본 사진 그대로지만, 여전히 재즈 음악은 어디에서도 들리지 않고, 요란한 엔진소리의 튜닝 머슬카에서 흘러나오는 욕지거리 힙합 노래만이 운치 있는 거리를 무례하게 가득 채우고 있을 뿐이다.

마침내 도착한 '버본 스트리트 Bourbon Street' 초입. 유명한 '마드리 그라스 Madri Gras' 축제 때면 전 세계에서 몰려든 재즈와 버본 위스키의 팬들로 흥청망청 대는 바로 그 거리. 하지만, 오늘은 그저 토요일 오후, 해가 지면 찾아올 또 한 차례 손님을 맞이할 준비에 차분한 모습이다. 뉴올리언스 재즈 축제하면 떠오르는 19세기 프랑스풍 테라스

세계 맥주 축제 전경
맥주 축제의 스폰서들

커낼 스트리트 풍경
힙합 음악을 쏟아내는 머슬카

를 갖춘 2층짜리 건물들과 레스토랑에 내걸려 있는 앙증맞은 네온사인들만이 해가 진 뒤 이곳의 풍취를 상상할 수 있게 하지만, 나에겐 이미 이곳에 대한 강렬한 이미지를 갖게 한 노래가 하나 있다. 바로 스팅 Sting의 1985년 솔로 데뷔 앨범에 실려 있는 'Moon Over Bourbon Street버본 거리 위에 뜬 달'.

There's a moon over bourbon street tonight
I see faces as they pass beneath the pale lamplight
I've no choice but to follow that call
The bright lights, the people and the moon and all

I pray everyday to be strong
For I know what I do must be wrong
Oh you'll never see my shade or hear the sound of my feet
While there's a moon over bourbon street

오늘밤 버본 거리에 달이 뜨네
창백한 가로등 아래 거니는 사람들의 얼굴
날 온통 사로잡는 건 밝은 불빛, 사람들, 그리고 저 달빛

매일 강해지길 기도하네
내가 하는 일이 나쁘다는 걸 아니까
오, 넌 내 그림자를 보거나 발자국 소리를 들을 수 없을 거야
버본 거리에 달이 떠 있는 동안에는

Sting
The Dream of the Blue Turtles
Moon Over Bourbon Street / 1985

오보에 멜로디가 감미로운 재즈 풍의 곡 분위기와는 달리, 가사는 달이 뜰 때마다 본능에 이끌려 새로운 먹잇감을 찾아 버본 거리를 배회하는 한 뱀파이어의 음산한 독백이다. 이 노래 탓인지, 이 거리에 대한 나의 느낌은 화려한 축제나 감미로운 재즈보다는 축축하고 습한 유흥 거리 이면의 쓸쓸함과 공허함이 더 강하게 다가온다. 내가 그의 음악에 이끌려 이 거리를 찾게 된 것처럼, 그도 어쩌면《뱀파이어와의 인터뷰》라는 소설에 이끌려 이' 뉴올리언스를 찾았고, 그때 받은 느낌으로 노래를 만들게 된 걸지도 모른다. 그렇게 문학은 음악을 낳고, 탄생한 창작물은 다시 사람들을 도시의 이면으로 초대한다. 아는 만큼 보고 느낄 수 있다는 말. 이번엔 저주다.

스팅의 음악에 이끌려오게 된 재즈의 도시 뉴올리언스는 내 기억 속에서 쓸쓸하고 음산한 추억으로 남게 되었다. 하지만 어쩌겠는가. 이것도 내 느낌인 걸. 그냥 있는 그대로 받아들이자.

뱀파이어 생각을 너무 많이 하며 오랫동안 걸어 다닌 탓일까. 갑자기 주체할 수 없는 목마름과 배고픔이 몰려온다. 한국사람 입맛에 신기할 정도로 꼭 맞는다는, 이 지역의 소울 푸드 검보 gumbo 와 크롤피시 crawl fish를 꼭 먹어봐야겠다는 일념으로 잘 하는 레스토랑이 있는 오크 스트리트 oak street 쪽으로 걷기 시작했다.

**달빛 아래 미시시피 강변을 허기진 배를 안고
말없이 좀비처럼 걷는 우리들. 영락없는 뱀파이어 두 마리다.**

버본 거리 주변 풍경
뉴올리언스 전통 식당

Episode 17

아루바
자메이카

'미국의 젖은 땅' 루이지애나, '미국 음악의 탄생지' 미시시피, '아름다운 사람들' 앨라배마 주를 차례로 지나 플로리다 주까지 2시간 만에 주파했다. 이 넓은 미국 땅에서 직선 주행으로 4개 주를 단숨에 건널 수 있는 곳은 미 남동부 해안도로, 이곳이 유일하지 않을까.

"플로리다! 선샤인 스테이트!"

주 간판의 색감도, 휴게소에 내린 사람들의 복장도, 도로 주변의 바다 색깔, 그리고 하늘빛마저도 지난 며칠 동안 지나쳐온 풍경들과는 완전히 다르다. 마치, 주 전체가 '당신은 지금 세계 최고의 휴양지로 접어들었습니다. 그냥 다 잊고 마냥 즐기세요!' 라고 말하고 있는 듯하다. 한국에 '부산'과 '해운대'가 있듯이, 미국에는 '플로리다'와 '마이애미'가 있다. 사실은 비 오는 날도 많고, 여름엔 허리케인도 심심찮게 덮치는 이 플로리다 반도를 왜 미국인들은 그렇게 '선샤인 스테이트'라 부르며 열광하는 걸까? 그 힌트는 우리가 오랫동안 들어 왔던 팝송 가사에 잘 나와 있다.

Aruba, Jamaica woo I wanna take you
Bermuda, Bahama come on pretty mama
Key Largo, Montego baby why don't we go, Jamaica
Off the Florida Keys
There's a place called Kokomo

아루바, 자메이카, 우~ 널 데려가고파
버뮤다, 바하마, 헤이 거기 예쁜 아줌마
키 라르고, 몬테고, 그대 같이 가요, 자메이카
플로리다키스 아래 저편
'코코모'라는 곳이 있죠

The Beach Boys
'Cocktail' Original Soundtrack
Kokomo / 1988

1988년 여름, 젊고 야망 넘치는 한 바텐더탐 크루즈 Tom Cruise와 그를 사랑한 여인 엘리자베스 수 Elisabeth Shue의 이야기를 통해 전 세계 영화팬들로 하여금 '낯선 휴양지에서의 로맨스' 열병을 앓게 만들었던 영화 〈칵테일〉. 이 영화의 주제가 '코코모'를 부른 밴드 '비치 보이스 Beach Boys'는 이 곡으로 22년 만에 다시 빌보드 싱글 차트 1위에 오르는 기염을 토했고, 그 이후로 이 노래는 휴양지 음악의 고전이 되었다. 서울 올림픽으로 온 나라가 떠들썩했던 그 해 한국에서도 꽤나 알려졌던 이 노래는 이후 여름만 되면 바캉스 레퍼토리로 라디오에서 어김없이 흘러 나왔고, 노래를 들을 때마다 무슨 주문인 것처럼 뜻도 잘 모른 채 따라서 웅얼웅얼 했더랬다.

'아루바 자메이카. 버뮤다 바하마. 키 라르고 몬테고.'

노래 앞부분에 나오는 이 단어들은 다름 아닌 플로리다 반도 주변의 대표적 휴양지들 이름이다. '자메이카'와 '버뮤다'는 섬 이름, '몬테고'는 자메이카의 휴양지, 심지어 저 멀리 바다 건너 남미 베네수엘라의 '아루바' 섬까지 놀러 가자고 이 노래는 부추기고 있다. 이 휴양지들로 향하는 크루즈와 쾌속정, 그리고 하늘 높이 시원하게 뻗은 돛을 단 요트들이 즐비하게 정박해 있는 곳이 바로 이 플로리다 반도의 동남단에 있는 마이애미란 도시다.

미국인들은 '플로리다' 하면 일단 마이애미를 떠올린다. 그리고 그 순간 그들의 마음은, 열대음료를 한 손에 들고 옥구슬처럼 굴러가는 스틸드럼 밴드의 리듬에 맞춰 한껏 취하며 춤추는, 한여름 밤의 추억 가득한 휴양지로 떠나게 되는 것이다.

이런 선샤인 플로리다 주의 길 위를 달리고 있다는 사실만으로도 들뜨지 않을 수 없다. 반도의 북서쪽으로 진입해 해안선을 따라 달려 들어오니 플로리다 주의 주옥같은 해안도로 풍경들이 눈앞에 펼쳐진다. 눈부신 햇살을 튕겨대는 바다 위를 가로지르는 펜사콜라 베이 브리지 Pensacola Bay Bridge를 건너, 도로 양쪽으로 새하얀 백사장이 펼쳐지는 오팔 Opal 비치 드라이브 웨이를 달려, 내륙 쪽으로 들어가 디즈니 월드의 도시 올랜도에서 하룻밤 머물며 휴식을 취한 후 다음 날 다시 반도를 남동쪽 가로질러 마이애미까지 내달렸다.

플로리다 반도를 이틀 동안 단숨에 달려 내려왔지만 이건 워밍업에 불과했다. 여기에서부터 궁극의 해안도로, 마이애미 남쪽 키 라르고에서 키웨스트 섬까지 이어지는 오버시즈 하이웨이 Overseas Highway로 접어들기 때문. 영화 〈나쁜 녀석들 2〉의 자동차 추격 신에서 꽤나 인상적으로 나온 바 있는 이 도로는 크고 작은 40여 개의 플로리다키스 Florida Keys 섬들을 다리로 연결하며 대서양 위를 가로지르는데, 그 길이가 자그마치 200km가 넘는다. 도로가 대부분 추월 불가능한 왕

오팔 비치 드라이브 웨이

포트월튼 비치
오버시즈 하이웨이의 올드 브리지

복 2차선이라 도중에 정체 구간을 만나기도 했지만, 도로 양쪽으로 시원하게 탁 트인 녹색 빛 바다 풍경에 막힌 길 위에서도 전혀 지겨움을 느낄 수 없었다.

달려도, 달려도 끝없는 바다 위 도로. 그 주위를 평화로이 맴도는 펠리컨 무리들. 차 안을 가득 채우는 '마이애미 사운드 머신 Miami Sound Machine'의 '콩가 Conga'와 함께 우리는 이번 로드 트립의 또 하나의 잊지 못할 순간을 만끽하며 미국 대륙의 최남단 섬마을 키웨스트로 달려가고 있었다.

Episode 18

미국의 끝에서 울고 있는 소녀를 지나치다

O.W. Grant _ *Every event is inevitable. If it wasn't, it wouldn't happen.*
그랜트 _ 모든 사건은 필연적이다. 아니라면 일어나지 않았을 것이다.

Interstate 60(2002)

"형님, 아무리 봐도 저 여성분, 한국 사람인 것 같은데요?"

그러게, 분명 한국 여자다. 자기 휴대폰에다 대고 울먹이고 있는데, 간간이 들리는 단어가 한국말이다. 아시아인조차 잘 보이지 않는, 미 대륙 깊숙한 땅 끝 백인 휴양지 키웨스트에서 한국인과 맞닥뜨리는 것 자체도 힘든 일인데, 하필이면 저녁 먹으러 들린 햄버거 가게에 주차한 곳 바로 앞 벤치에서 울며 통화하는 한국 여자를 만나다니. 확률적으로 일어나기 힘든 기막힌 우연이다.

플로리다키스 진입 도로

꽤나 신경이 쓰였지만 나름의 사정이 워낙 심각해 보여, 일단 모른 채 하고 햄버거 가게로 그냥 들어갔다. 깨알 같은 메뉴판을 바라보며 주문에 집중하느라 잠시 잊고 있다가, 자리를 잡고 호출을 기다리는 동안 다시 그녀 쪽을 쳐다보았는데, 어라, 이제 아예 두 손으로 얼굴을 감싸고 본격적으로 울고 있다.

"저 정도면 우리가 뭔가 도와줄 게 없는지 물어봐야 하지 않을까요?"

순간적으로 많은 생각들이 머릿속을 스쳐 지나갔다.

왜 울고 있을까? 남자 친구와 함께 왔는데 심하게 싸워서 홧김에 헤어진 걸까? 저 친구 영어는 잘 하는 걸까? 해도 저물어 가는데, 잘 곳은 있는 걸까? 마침 낮에 잠시 둘러보고 온 숙소에 머물 공간도 넉넉해 보이던데. 가서 한 번 물어볼까? 의외로 별 일 아니라면? 갑자기 개인적으로 안 좋은 일로 전화가 와 잠시 일행을 떠나 있는 걸지도 모른다. 그런 경우라면, 괜한 참견이 오해를 불러일으킬지도. 멀리서

키웨스트의 햄버거 가게 Five Guys

지켜보던 일행이 놀라서 어디선가 후다닥 뛰어와 나타나는 촌극이 벌어질지도 모를 일이다. 음, 어떻게 할까?

"Number 27, twenty seven, please!"

짧은 시간 머릿속에서 돌아가던 몇 개의 시나리오는 카운터 아가씨의 우렁찬 호출 소리에 의해 멈췄고, 우리는 햄버거를 받아 자리로 돌아와서 음식 봉지와 은박지를 뜯어 펼치며 테이블 세팅을 마쳤다. 먹음직스러운 수제 햄버거의 냄새가 허기진 배를 심하게 자극했다. 일단 한 입 물고 의식하지 않는 척 살짝 다시 그녀가 앉아 있던 벤치 쪽을 돌아보았는데, 그녀는 더 이상 보이지 않았다.

그 후로 그녀를 다시는 만날 수 없었다. 그녀가 나타났다 사라지기까지 걸린 시간은 약 10분. 그 이후부터 나는 이 10분의 사건을 무시한 대가를 치루기 시작했다. 처음에는 그저 궁금증으로 출발한 생각이, 점차 큰 후회와 걱정으로 번지기 시작한 것이다.

아름다운 조명 아래 예쁜 가게들로 가득한 다운타운 거리를 걸어도, 미 최남단 이정표인 서던모스트 포스트 Southernmost post에서 멋진 바이커들을 만나 함께 사진을 찍으면서도, 그 이정표 뒤로 펼쳐진 대서양 밤바다 저 멀리 아른거리는 하바나 시의 불빛을 바라보면서도 불현듯 그녀 생각이 자꾸 떠올랐다. 지금 그녀는 괜찮을까? 그 때 울고 있던 상황이 잘 해결되었을까? 잘 곳은 무사히 마련했을까? 이제는 어쩔 수도 없는 지나간 일에 대한 오지랖 가득한 질문들이 머릿속을 맴돌며 주변의 광경들을 그녀에 대한 걱정과 연결하게 만들었다.

숙소에서 바라본 바다 풍경
숙소 펠리컨 포인트

서던모스트 포스트에서 만난 바이커들

깊은 밤, 해변 방갈로 숙소로 돌아와 찰랑거리는 파도 소리를 들으며 여정 내내 벼르고 있었던 위스키 한 병을 깠다. 스트레이트로 세 잔 정도 들이켰을 때 비로소 내가 뭘 잘못했는지 깨달았다. 그녀가 울고 있는 걸 처음 보았을 때 그냥 바로 물어봤어야만 했다. "괜찮으세요? 혹시 도와드릴 건 없나요?" 하고 말이다.

물론, 그녀에게 말을 거는 행동이 어떤 결과를 가져왔을지 알 수는 없다. 우리가 도움을 줄 수 있었을 수도, 그로 인해 일정에 차질이 생기는 일이 생겼을 수도 있다. 아니면 이도 저도 아닌 해프닝으로 간단히 끝났을지도 모른다. 하지만 이를 그냥 지나친 행동이 주는 결과는 오직 하나, 궁금증 가득한 후회뿐이다.

결국 난 순수하지 못했다. 모든 것으로부터 자유롭고 맘껏 순수해지기 위해 떠나온 로드 트립이었건만, 결국 나는 그러지 못했다. 출발지에서 가장 멀리 떨어진 대륙 반대편에 이르러서도 여전히 나는 생각 많은 현대인이고 용기 없는 도시인이었다.

눈앞에 나타난 시그널은 의심할 여지가 없었다. 누가 내게 물건을 팔려고 했던 것도 아니고, 길을 물어본 것도 아니었다. 많은 사람들이 지나가는 곳에 앉아 울고 있는 사람만큼 절박하고 순수한 시그널이 어디 있단 말인가. 나는 그렇게 귀하게, 어렵게 마주친 순수한 순간을 외면했던 것이다. 그것도 10분 동안이나.

한밤중에 자기 방에서 울고 있는 아이에게 이것저것 재지 않고 곧바로 "너 왜 울고 있니?"라고 물어볼 수 있는 웬디처럼, 네버랜드 여행은 그런 천진난만한 영혼들에게만 주어지는 선물일지도 모르겠다. 아직도 멀었다. 얼마나 더 멀리, 얼마나 더 오래 떠나야 이런 순수함을 다시 찾을 수 있을까. 아니, 그런 날이 다시 오기나 할까.

키웨스트를 떠나는 해상 도로 저편 너머로, 그래도 희망을 가지고 다음 여정으로 떠나보라는 듯 구름 사이로 햇살이 비쳐 드리운다.

그래, 일단 계속 달려보자.

키웨스트 도로 햇살

키웨스트의 한 식당에 걸린 헤밍웨이 초상화

"Every day is a new day. It is better to be lucky. But I would rather be exact. Then when luck comes you are ready."

"모든 하루는 새로운 날이다. 행운도 좋지만 중요한 건 내가 정확해야 한다. 그래야 준비된 상태에서 행운을 맞이할 수 있다."

어니스트 헤밍웨이 Ernest Hemingway*의
《노인과 바다 The Old Man and the Sea》 중에서

★ 미국의 소설가이자 저널리스트. 1930년대에 키웨스트에 머물며 《무기여 잘 있거라 A Farewell to Arms》 집필. 키웨스트 지역에 머물던 시절 떠오른 영감으로 쓴 소설 《노인과 바다》로 1953년 노벨문학상 수상

Key West, Florida
~Chicago, Illinois

Route 3

Episode 19

추억의 영화 속을 달리다

"*After all, tomorrow is another day!*"
"결국, 내일은 다시 찾아오니까!"

Gone with the Wind(1939)

"어휴. 여기를 어떻게 다 돌아보지?"

플로리다 주에서의 마지막 밤, 탐파 Tampa의 한 모텔 방에서 또다시 지도를 이리저리 돌려보고 있다. 출발하기 전부터 가장 고민 되었던 미 동남부 경로. 아무

조지아 주 경계 간판

리 머리를 짜내 봐도 그럴듯한 동선이 안 나온다. 지금부터 접어들 지역에는 좋아하는 옛 팝송과 영화 관련 명소들이 대책 없이 여기 저기 흩어져 있기 때문이다.

플로리다 반도 북쪽에 접해 있는 조지아 Georgia 주 경계에서 만난 주 간판을 보니 "음. 역시나"라는 말이 절로 나왔다. 여기는 주 슬로건을 아예 팝송 제목에서 따왔다.

Georgia, Georgia, The whole day through,
Just an old sweet song keeps Georgia on my mind

조지아, 조지아, 하루 온 종일
옛 노래 하나가 계속 조지아를 떠올리게 하네

 Ray Charles*
The Genius Hits the Road
Georgia On My Mind / 1960

이 주 간판을 지나친 이후부터 정말 노래 가사처럼 하루 종일 운전대에 앉아 이 노래를 흥얼거리며 '조지아'를 계속 떠올리게 되었다. 이보다 더 효과 만점인 슬로건도 없을 듯하다. 50년 전에 나왔던 노래가 이토록 오랫동안 많은 사람들의 마음

★ 조지아 주 알바니 Albany 출신 흑인 소울 음악계의 거장

속에 남아 영향을 주고 있는 게 신기하기도 하고, 이런 좋은 노래의 힘을 알고 삶에 녹여 활용할 줄 아는 이곳 사람들의 대중음악에 대한 남다른 인식이 부럽기도 하다.

지금 달려가고 있는 도시는 애틀랜타 Atlanta. 도시의 이름만 들어도 거의 동급으로 생각나는 영화가 있다. 바로 그 유명한 〈바람과 함께 사라지다〉. 비련의 여주인공 스칼렛이 목숨 걸고 지키고자 했던 타라 농장이 있었던 바로 그곳. 원작 소설 작가 마가렛 미첼 Margaret Mitchell의 생가와 바람과 함께 사라지다 박물관이 애틀랜타에 있긴 하지만, 특정 지역을 배경으로 한 많은 미국 영화나 드라마가 그러하듯, 실제 촬영은 대부분 LA에 있는 스튜디오에서 이루어졌기에, 영화에 나온 타라 농장이나 오하라 저택의 모습은 이곳 어디에서도 찾아볼 수 없다. 대단한 마니아라면 박물관이라도 찾을지 모르겠지만 솔직히 이 영화는 그 정도로 우리 세대의 감성을 사로잡았던 영화는 아니다. 그저 〈사운드 오브 뮤직〉과 함께 대표적인 추석 특선 영화 레퍼토리 중 하나인 국민 외화 정도의 느낌이랄까.

사실, 우리 세대의 심금을 울린 영화들은 따로 있다. 제목만 들어도 가슴 설레고, 주제가만 들어도 밀려오는 그 시절의 향수로 인해 잠시 넋을 잃고 추억에 빠져 한숨짓게 되는 그런 영화. 지금까지 비디오를 포함해 스무 번도 넘게 본 것 같은 〈더티 댄싱〉, 그보다 조금 더 거슬러 올라가면 〈풋루스〉가 그랬다. 적어도 나에게는 이 영화들이 〈바람과 함께 사라지다〉였고, 〈사운드 오브 뮤직〉이었다. 실제로 〈더티 댄싱〉은 조지아 주와 동북쪽으로 접해 있

는 노스캐롤라이나 주 North Carolina State 마운틴 레이크 Mountain Lake의 한 별장에서 촬영되었고, 〈풋루스〉의 경우, 오리지널 영화는 유타 주 Utah State에서 찍었지만 2011년에 리바이벌된 버전은 스토리의 취지**를 살려, 지역적 배경을 이곳 조지아 주의 한 마을 보먼트 Bomont로 설정하고 실제 촬영도 그곳에서 했다고 한다.

사전 조사를 해보니 실제 촬영지를 한 번 찾아가 보고 싶다는 생각이 굴뚝같아졌지만, 막상 와보니 별로 그럴 필요가 없다는 걸 깨닫게 되었다. 굳이 그곳까지 찾지 않아도 주 경계를 넘어서 달리는 풍경들 속에서 이미 영화 속에 들어와 있는 느낌을

노스캐롤라이나 주 간판

충분히 받을 수 있었기 때문이다. 저 멀리 지나쳐 가는 저택 뒤편 별채에서는 별장에 고용된 춤 선생들의 화끈한 비밀 댄스파티가 열렸을 것만 같고, 저기 보이는 교회에서는 한 목사가 '춤은 악의 근원이다'라는 주제로 목에 핏대를 올리며 설교를 하고 있을 것만 같았다. 어차피 영화란 판타지 아닌가. 이런 나만의 판타지를 맘껏 누리기 위해 필요한 건 차창 밖으로 지나는 미 동남부 시골 풍경과 그들을 영화 속 한 장면으로 채색하며 차안을 가득히 채우는 사운드트랙이었다.

★★ 영화 〈더티 댄싱〉과 〈풋루스〉 스토리의 근간은 미국 사회의 '보수'와 '진보' 간 대립 구도로 설명할 수 있다. 전자는 프리스타일의 '더티 댄싱'과 왈츠, 폭스트롯과도 같은 건전한 '사교댄스'의 대립, 후자는 아예 춤 자체를 금지시키려는 마을의 어른들과 그에 대항하는 젊은이들 간의 갈등을 보여준다. 이는 초기 미국 역사에서 드러나는 보수적 성향의 미 남부 문화와 진보적 성향의 미 북부간의 이념적 대립으로 확장 해석할 수 있는데, 미국 영화에서 이런 문화적 대립의 지역적 배경이 되는 지점이 보수적 성향의 남부 지역 표본, 조지아 주, 버지니아 주 등이다.

Now I've had the time of my life
지금이 내 인생 최고의 순간이야

결국, 영화 관련 지역들을 방문하는 건 포기했다. 그 영화와 음악들에 이끌려 이곳까지 왔다는 것만으로, 그리고 이 길을 달리며 그 시절 음악을 듣고 따라 부르는 것만으로도 충분히 행복했다. 게다가 꼬이는 동선과 빡빡한 일정으로 마음의 여유를 잃고 싶지 않았다. 그러기엔 우린 너무나도 먼 길을 달려왔고, 그보다 훨씬 더 먼 길이 남아 있었다.

그리고 무엇보다도 사람이 그리웠다. 이제 슬슬 친구들을 방문할 때가 된 것이다.

노스캐롤라이나 주의 시골 풍경

Episode 20

친구 집에
묵어간다는 것

빌트모어 저택

장거리 로드 트립에서 친구 집에서 묵는 것은 1석 3조 정도의 효과가 있다. 우선 비용 절감인데, 비단 호텔비만이 아니다. 식사 두 끼 정도는 거뜬히 함께 해결되고, 가정집인 경우 보통 다음날 아침에 떠날 때 차 안에서 먹으라고 과자, 초콜릿, 과일 같은 것도 챙겨준다. 게다가 애주가 친구라도 만나면, 귀한 손님 왔다며 저녁 식사 후 연식 높은 위스키까지 나온다. 이를 굳이 비용으로 따지자면 1박에 150~200불 정도인데, 보통 하루 경비의 절반이 넘는 돈이다. 덕을 잃지 않은 채 살아온 연륜이 좀 된다면, 하루나 이틀 정도 기꺼이 재워줄 수 있는 친구가 여행지에 제법 있을 텐데, 많으면 많을수록 혜택은 같이 커진다. 이번 여행의 경우 전체 49박 중 절반이 넘는 25박을 지인 신세를 졌는데, 절감된 비용을 따져보니 자그마

치 400만 원 정도였다! 물론 돈으로 환산할 수 없는 훨씬 더 큰 빚이 생기긴 했다. 평생 두고 갚아야 할 우정의 빚.

어쨌든, 이런 큰 혜택을 누리는데 빈손으로 갈 수야 없다. 그렇다고 너무 과한 걸 준비하면 배보다 배꼽이 더 커지니, 뭔가 적당한 가격에 독특하면서 정성이 느껴지는 것이 필요했다. 고민 끝에, 노스캐롤라이나에 있는 '빌트모어 저택 Biltmore Estate'에 들러 그곳에서 직접 재배, 제조한 와인을 박스째로 사서 차에 싣고 다니며 방문하는 집마다 하나씩 선물 했는데 반응이 꽤 좋았다. 로드 트립의 특성 상 한곳에서 산 물건이 다른 곳으로 이동하

와인 따개가 없어서

면서 그 희소성과 가치가 점점 커지기 때문. 이 와인을 선물로 준 마지막 지점은 산지로부터 2,000마일 떨어진 유타 주 솔트레이크시티에 있는 친구 집이었는데, 미국 반대편에서부터 차에 실려온 귀한 와인이라며 그렇게 좋아할 수가 없었다.

친구 집에서의 하룻밤이 주는 또 다른 보너스는 그들에게서 얻을 수 있는 귀한 현지 정보다. 그 곳에 살아온 기간이 긴 친구일수록, 추천하는 관광지나 할 거리들은 관광책자에 소개되어 있는 그것들과는 사뭇 내용이 다른 경우가 많다.

사실, 나만 해도 그렇다. 내가 살고 있는 할리우드 지역으로 놀러 오는 친구들이 이곳에서 뭘 꼭 해봐야 되냐고 물을 때, 관광책자 명소 1순위인 할리우드 스타의 거리, 유니버설 스튜디오 등은 권하지 않는다. 붐비는 관광객에, 비싼 입장료에, 정신없이 돌아다니다보면 어느새 훅 하고 얇아진 지갑 따라 마음도 왠지 허해지는 그런 곳들보다는, 말리부 해변 도로의 드라이브나 야외 콘서트홀 공연 관람 등 큰

로데오 경기장 콘서트

비용 들이지 않고도 더욱 기억에 남는 순간을 경험할 수 있는 방법을 알려준다. 이 따금 어느 시간대에 말리부 해변으로 가서 어느 식당, 어떤 좌석을 예약하면 붉은 석양에 물든 태평양을 바라보며 와인 디너를 즐길 수 있는지와 같은 고급 정보를 알려주기도 하는데, 이는 적어도 하룻밤 정도 함께 지내며 이런저런 긴 대화를 나누는 과정에서나 자연스럽게 풀려나오는 법이다.

텍사스 주 휴스턴에서 1년에 한 번 열리는 엄청난 규모의 로데오 축제에 들러 쇼도 보고 트럭 바비큐도 먹고 했던 일. 노스캐롤라이나 주의 샬럿 스피드웨이를 방문, 투어 프로그램을 통해 실제 15도 경사의 트랙 위를 시속 130km 속도로 달려본 일. 일리노이 주 시카고 뒷골목 게토 Ghetto 지역의 '욕쟁이 햄버거 가게'에 들러 알아듣기도 힘든 험한 욕을 먹어가며 흑인 갱스터들 틈바구니 사이로 간신히 핫도그 하나 주문해 무사히 살아서 먹고 나왔던 일. 그리고 샌프란시스코 북쪽 외곽 한적한 해안 지역의 굴 양식장을 방문해 말도 안 되는 저렴한 가격에 손바닥보다 더 큰 생굴을 배가 터져라 먹었던 일……. 이 모두가 현지 친구들 집에 하룻밤 이상 머무르지 않았다면 겪기 힘들었던, 이번 로드 트립에서 경험한 독특하고도 소중한 체험들이다.

샬럿 스피드웨이

마지막으로, 친구 집에서의 하룻밤이 주는 또 하나의 큰 선물은 그들의 삶에 대한 이야기를 들을 수 있다는 것. 드라마와도 같은 인생사 하나 없는 사람이 누가 있겠냐마는, 머나먼 미국 땅에 단신으로 건너와 정착한 친구들의 이야기 중에는 꽤나 흥미진진한 스토리가 많다. 저녁 식사를 나누고, 2차로 거나하게 술 한 잔 걸치고 나면 파란만장한 그들의 아메리카 정착기는 어김없이 흘러나오기 시작한다.

Episode 21

돌아오지 않는 여행을 떠난 이들

Colee_ *So how long do you have off?*

T.K._ *30 days.*

Colee_ *Me too! (Turns to Fred)*
How long do you have?

Fred_ *The rest of my life.*

콜_ 휴가 얼마 받았어?

티케이_ 30일.

콜_ 나도! (프레드에게) 너는 휴가가 얼마야?

프레드_ 남은 평생.

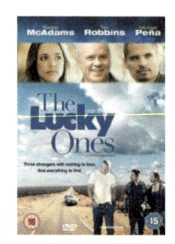

The Lucky Ones(2008)

미국에 살고 있는 사람들의 면면을 보면 유학을 왔다가, 혹은 다니던 한국 회사의 지사로 파견 왔다가 그냥 어찌어찌 눌러 앉은 경우가 대부분이다. 부부가 함께 건너 왔거나, 아니면 혼자 와서 외롭게 지내다 학교 동기 혹은 회사 동료와 눈이 맞아 결혼해서 아기도 낳고 영주권도 얻고 하며 정착해서 살게 된 정도가 '아메리칸 드림'의 일반적 사례. 하지만 힘들게 얻어낸 이들의 행복한 미국 삶에도 공통적으로 드리워
져 있는 고민이 있다. 바로 언제 다시 한국으로 돌아갈 것인가?

언젠가 다시 돌아갈 것을 염두에 두고 미국으로 떠나 온 여정이, 1년만 더, 아기만 생기면, 자녀가 조금 더 크고 나면……. 그러다 돌아갈 타이밍을 놓쳐 버렸다. 언젠가 돌아가겠다는 막연한 생각은 있지만 미국 생활이 너무 익숙해져버린 나머지 한국으로 돌아가는 것 자체가 두려운 형편이 되어 버린 친구들. 이런 경우 미국에서 살고 있어도, 한국에 잠시 들어가 봐도, 어디서나 이방인이다.

이와는 달리, 아예 돌아오지 않을 작정으로 미국으로 건너온 친구들도 있다. 이런 경우는 보통 단순히 사는 장소만 바뀌는 게 아닌, 삶 자체가 완전히 달라진 경우가 많다. 그중에 가장 기억에 남는 세 가지 이야기.

잘나가던 펀드 매니저와 결혼해서 자식 셋 낳고, 서울 한강변의 전망 좋은 아파트에서 행복한 삶을 누리고 있던 한 친구, 갑자기 남편의 투자가 크게 실패하며 순식간에 빚더미에 앉게 되었다. 급기야 남편은 채무 이행의 고리를 끊기 위해 쪽지

하나만 남기고 떠났지만, 이혼 수속까지 밟은 그녀에게는 여전히 빚 독촉이 끊이지 않았다. 결국 그녀는 남은 은행 잔고와 전세금을 총동원해 자식들과 함께 미국으로 투자 이민을 감행했다.

    생존을 위해 건너온 미국 땅에서 용케 얻은 직장. 그곳에서 그녀의 아픈 과거와 자식들까지 모두 사랑한 한 미국인을 만나 워싱턴 DC 외곽에서 함께 새 가정을 꾸렸다. 이제는 지구 반대편에서 전혀 다른 삶을 살고 있는 그녀. 깊을 대로 깊어진 이야기를 애써 담담히 맺는 그녀의 슬픈 눈망울 속에서 돌아갈 수 있는 삶도, 한국에 대한 미련도 전혀 남아 있지 않음을 느낄 수 있었다.

    노스캐롤라이나 주도 샬럿 Charlotte의 골프장 내 부촌에 살고 계신 한 어르신께서는 1973년에 미국으로 건너온 이민 1세대다. 당시 미군에 차출되어 군생활로 처음 미국 땅을 밟게 되었는데, '기회의 땅'의 자유로운 분위기에 끌려 어떻게든 이곳에 정착해보겠다고 결심하고 그때부터 여러 가지 궂은일을 닥치는 대로 하기 시작했다. 사람들이 하기 꺼려하는 일일수록 더욱 돈이 되고, 사업 시스템도 허술하다는 사실을 깨닫고는, 공공장소 변기통 청소 등 어지간해서는 손대기 힘든 일들을 스스로 찾아 밑바닥서부터 해 나가며 노하우를 채득, 이를 사업화하여 미국 정착의 경제적 토대를 쌓았다. 그로부터 40년이 지난 지금은 꽤나 많은 사업체를 운영하며, 또 다른 아메리칸 드림을 꿈꾸는 젊은이들에 대한 투자도 아끼지 않고 계신 어르신. 깊은 밤 어두워진 앞마당 호수 저편을 바라보며 던지신 이야기의 맺음말에 깊은 연륜과 지혜의 여운이 느껴진다.

    "쉽게 얻은 건 쉽게 나가는 법이야. 손에 흙을 묻혀보지 않고선 진짜를 얻기 어렵지."

"아니 이게 정말 얼마만이야!"

펜실베니아 주 필라델피아의 복잡한 시장 골목길에서 갑자기 차를 세운 후, 영문 모르는 뒤차의 경적 소리에도 아랑곳하지 않고 우리는 진한 포옹을 나누었다. 대학 동아리 합창단에서 알게 된 이 후배는 공대생이었지만 음대생들의 고유 영역이었던 합창단 지휘자 역할을 훌륭히 수행했던, 음악적 재능이 남다른 친구였다. 졸업 후 전공 관련 전문직으로 취직해 나름 잘나가는 삶을 잠시 살다, 갑자기 미국으로 지휘 공부를 하러 훌쩍 떠나버렸다는 이야기를 듣고 잠시 멍해졌던 기억 속의 바로 그 인물.

더부룩한 베토벤 머리와 트렌치코트를 대충 걸친 그의 모습은 필라델피아 콘서트 오페라단의 음악감독이라는 현재 타이틀과 꽤나 어울렸다. 도시를 함께 누비며 보이즈 투 맨이 결성된 고등학교를 찾아가 그 앞에서 사진도 찍고, 영화 〈록키〉 동상 앞에서 함께 포즈도 잡아 보고 하는 동안 십수 년 간의 공백으로 인한 어색함은 어느새 사라졌다. 학창시절의 추억들, 이곳에서의 새로운 삶 그리고 앞으로의 계획들에 대해 나눈 대화 속에서, 하고 싶은 일을 하기 위해 도전적인 삶을 찾아 떠난, 같은 노매드족으로서 느끼는 유대감에 대해서는 굳이 말을 꺼낼 필요조차 없었다.

대단한 업적을 이루거나, 큰 성공을 거둔 사람 이야기는 아니다. 생존을 위해, 혹은 이 땅에 매료되어, 아니면 그저 꿈을 좇아 이곳에 왔고, 또한 자신이 목적한 바를 나름의 방식대로 이루며 각자의 삶을 담담히 살아가고 있는 사람들의 이야기다.

이들의 공통점은, 모두 '돌아갈 여지'를 두지 않고 떠나왔다는 것. 그만큼 그들에게는 이전의 삶과 떠나온 곳에 대한 미련은 별로 없다. 약간의 그리움만 있을 뿐이다. 돌아갈 수 없는 옛 시절에 대한 아련한 추억이 그러하듯.

샬럿 저택 거실
백윤학 지휘자와 함께

Episode 22

배리, 빌리와 함께 맨해튼을 걷다

LA를 떠난 지 3주 만에 뉴욕에 입성했다. 아직 전체 여정의 반도 지나지 않았지만, 약 9,000km를 달려댄 통에 그토록 좋아하는 운전도 이제 슬슬 지겨워지려 한다.

뉴욕 외곽 친구 집에 여정을 푼 다음, 맨해튼을 돌아보고자 도심 주차비를 확인해 보니 종일 주차비가 40불로 꽤나 비싸다. 차라리 잘 됐다 싶었다. 이

살인적인 주차비

참에 며칠 동안 차를 버리자. 마침 파트너도 이곳에서 만나볼 다른 지인들이 있고, 몇 차례 비즈니스 미팅도 있단다. 우리는 함께 지하철을 타고 허드슨 강을 건넜다.

맨해튼에서 우리는 잠시 떨어져 각자의 시간을 가지기로 했다. 파트너는 쇼핑을 하고 싶어 했지만 나는 다른 일을 하고 싶었다. 좋아하는 음악을 들으며 맨해튼 거리를 홀로 걷는 것. 이전부터 내가 꿈꾸던 시간 중 하나였다. 뉴욕의 심장, 타임스퀘어에서 파트너와 짧은 작별을 고한 후 나는 헤드셋을 머리에 쓰고 혼자 걷기 시작했다.

먼저 북쪽, 업타운 Uptown으로 향했다. 록펠러 플라자 Rockefeller Plaza를 거쳐 6번가 도로를 따라 10분 정도 걸어 올라가니 울창한 나무들이 드리워진 센트럴 파크의 중앙 도로 남쪽 입구가 보인다. 3월 중순이지만 아직 찬바람이 매서운 뉴욕 날씨에 공원 내는 거의 텅 비다시피 했고, 덕분에 이 순간을 위해 준비한 배리 매닐로우의 Barry Manilow의 '새벽 2시, 파라다이스 카페 2AM Paradise Cafe'

앨범 전체를, 아무런 방해 없이 공원을 거닐며 감상할 수 있었다. 뉴욕 브룩클린 Brooklyn 출신이라 그런 걸까, 배리의 감미로운 재즈 보컬이 텅 빈 센트럴 파크의 쓸쓸한 운치와 그렇게 잘 어울릴 수가 없었다.

Much of my life has been spiced with romance
Too many bedrooms I've slept in by chance
Drownin' out my sorrow, Longin' for tomorrow
Caught up in the big city blues

Someday I'll find me the dream that I'm after
No more stormy weather, Love will last forever
Goodbye to the big city blues

내 삶엔 짜릿한 로맨스도 많았지
우연히 밤을 보낸 수많은 침실들
슬픔을 삼키고 내일을 바라며
빅 시티 블루스에 젖네

언젠간 내가 좇는 꿈을 찾을 거야
더 이상 궂은 날은 없어, 사랑은 영원하지
빅 시티 블루스와 작별을 고하네

Barry Manilow
2AM, Paradise Cafe
Big City Blues / 1984

산책로를 따라 이러 저리 걷다 동쪽 메트로폴리탄 박물관 쪽으로 공원을 빠져 나오니, 센트럴 파크를 앞마당인 마냥 내려다보고 있는 최고급 아파트들이 5번가

거리를 따라 즐비하게 늘어서 있다. 그동안 보아온 수많은 뉴욕을 배경으로 한 영화 어디에선가 본 듯한 비슷비슷한 건물들에 홀려 한참을 걸어 올라가다보니 어느덧 센트럴 파크의 북단 지점에 도달했는데, 갑자기 주변의 분위기가 거짓말처럼 급변한다. 북쪽의 할렘 거리 주변까지 이른 것. 순간 살짝 겁이 났다. 겁이 나니 마침 발도 아파오기 시작한다. 황급히 지하철을 타고 다시 도시 중심가 쪽으로 내려왔다.

20년 만에 다시 찾은 뉴욕 코리아 타운의 풍경은 옛 기억과 크게 다르지 않았지만, 맨해튼 도심 한복판의 금싸라기 같은 땅 한 구역을 떡하니 차지하고 있는 모습에서 느껴지는 왠지 모를 뿌듯함은 훨씬 더 크게 와 닿는다. 점심때라 그런지 꽤나 붐비는 타운 중심부 한식당으로 들어가 따뜻한 돌솥 설렁탕 한 그릇을 시켜 먹으니 피곤한 몸과 마음이 한순간에 녹으며 다시 걷고 싶은 욕망이 되살아난다. 식당을 나와 바로 옆에 있는 엠파이어 스테이트 빌딩 Empire State Building 전망대에 올라 맨해튼 스카이라인을 한 눈에 굽어보며, 오전에 걸어 다녔던 업타운 거리들을 복기하고 잠시 후 걷게 될 다운타운 이정표들의 위치를 점검했다.

코리아타운 남쪽 거리는 업타운에 비해 걷기에 훨씬 더 아기자기한 재미가 있었다. 미국 초기 역사를 고스란히 간직하고 있는 유럽풍의 낡은 건물들과 하늘 높이 위풍당당하게 뻗어 있는 모던한 디자인의 빌딩들, 그리고 예술인의 풍취와 혼이 흠뻑 서린 소호 지역에 이르기까지, 어느 방향으로 셔터를 들이대도 꽤나 괜찮은 엽서 사진이 나온다.

배리 매닐로우와 함께 뉴욕 하면 떠오르는 또 한 명의 싱어 송 라이터 빌리 조엘 Billy Joel이 '우주의 중심'이라며 극찬한 바 있는, 미국 최대 규모의 공연장 매디슨 스퀘어 가든 Madison Square Garden을 지나, 쓰지 않는 기차 노선을 개조하여 만든 도심 속 산책로 하이라인 파크 Highline park를 따라 남쪽으로 걸어 내

코리아타운 입구

타임스퀘어 전경

려왔다. 그리고 산책로와 곧바로 연결된 첼시마켓 Chelsea market에 들러 세련된 내부 인테리어에 반해 한동안 정신없이 구경하다 다시 산책로로 올라왔는데, 그곳에는 기대하지도 않았던 멋진 풍경이 나를 기다리고 있었다.

   서녘 하늘에 나지막이 걸린 태양의 햇살을 눈부시게 튕겨 내고 있는 허드슨 강. 그리고 그 곁에 나 있는 11번가 도로 위를 평화롭게 달리는 버스들. 때마침 마술처럼 헤드셋을 통해 내 귀로 흘러드는 빌리 조엘의 노래 한 곡. 이 모든 것이 완벽하게 맞아떨어지며 나는 노래가 흐르는 6분 동안 불가항력으로 그 자리에 얼어붙은 채, 허드슨 강변을 하염없이 바라보고 있을 수밖에 없었다.

하이라인 파크 산책로

첼시마켓 내부

Some folks like to get away, take a holiday from the neighborhood.
Hop a flight to Miami beach or to Hollywood.
But I'm takin' a Greyhound on the Hudson river line.
I'm in a New York state of mind.

어떤 사람들은 휴일이 되면 일상에서 떠나고 싶어
마이애미 해변이나 할리우드로 향하는 비행기에 오르지
하지만, 나는 그저 허드슨 강가를 달리는 그레이하운드를 탄다네
내 마음 속엔 온통 뉴욕뿐이니까

Billy Joel
Turnstiles
New York State of Mind / 1976

빌리의 뉴욕 사랑 노래에 흠뻑 젖어 반복 재생해 들으며 뉴욕 대학교 주변까지 내려와 블루노트 Blue Note 등 유명한 재즈 클럽들을 둘러 본 다음, 커피 한 잔을 사 들고 다시 남쪽으로 걸었다.

해질녘 겨우 도착한 다운타운 남쪽 끝자락에는 국가적 참극의 상처가 10년이 지나면서 아물어 가고 있었다. 하늘 높이 새롭게 올라가는 쌍둥이 빌딩. 하지만 그 옆에는 9·11 테러 사건의 희생자들 이름이 선명히 새겨진 분수대 '그라운드 제로 Ground Zero'가 그날을 잊지 않기 위한 의도적인 흉터로 고스란히 남아 있다. 상처는 회복되지만, 흉터는 남는다. 그렇게 회복 후에도 여전히 잊히지 않는, 아니, 잊어서는 안 될 기억도 분명 있다.

그라운드 제로

Episode 23

국경을 넘는
두 남자

"How do you know when you haven't got there?"
"가보지 않고 어떻게 알겠어?"

Interstate 60(2002)

Q. "어디서 왔나요?"
A. "LA에서 왔어요."
Q. "LA에서 여기까지 운전을 해서 왔다고요? 왜? 여기까지?"
A. "아 네. 음. 미국을 한 바퀴 돌고 있습니다. 여행이죠."
Q. "왜 캐나다로 들어가려는 거죠? 목적이 뭔가요?"

A. "캐나다에 지인이 있어서 찾아가려고 합니다."
Q. "지인은 누군가요? 친척인가요?"
A. "아닙니다. 어떤 아는 분이 재워준다고 해서."

점점 꼬이는 대답. 캐나다 국경 넘기가 생각보다 만만치 않다. 우리가 좀 특이하게 보여서 그런가? 하긴, 차 번호판은 뉴욕 주인데 대륙 반대편에서 왔다고 하고, 남자 둘이 탄 차 뒷좌석엔 수상해 보이는 짐이 꽉 채워져 있고, 캐나다로 들어가려는 이유도 그다지 명확하지 않았다. 나라도 미심쩍게 여길 것 같다.

사실, 캐나다로 들어가려는 이유는 숙소 외에도 몇 가지가 더 있었다. 캐나다를 통과하면 나이아가라 폭포에서 디트로이트까지의 이동 거리가 수십 마일 단축되기도 했지만, 그보다 훨씬 더 중요한 이유는 캐나다 쪽에서 바라보는 나이아가라 폭포의 경치가 훨씬 더 장관이기 때문이었다. 영화 〈슈퍼맨 2〉에서 공중 전화박스에서 초스피드로 옷을 갈아입고 나온 슈퍼맨이 폭포 아래로 떨어지고 있는 한 아이를 가까스로 구해 내는 장면이 나오는 곳도, 마릴린 먼로의 초기작 〈나이아가라〉의 라스트 신으로 유명한 폭포 전망대가 위치한 곳도 모두 캐나다 국경을 넘어야만 볼 수 있다.

캐나다 국경 심사대 대기

차량 가득한 여행짐

이러니, 평생 한 번 올까 말까한 이번 기회에 캐나다 국경을 넘지 않는다는 건 말도 안 되는 일이다.

하지만, 이런 이유를 국경 심사관에게 주저리주저리 다 이야기할 필요는 없다. 미국 안팎을 돌아다니며 겪은 수많은 출입국 심사를 통해 배운 건, 항상 그냥 물어보는 질문에만 간단히 솔직하게 대답하는 게 상책이라는 것. 괜히 물어보지도 않은 내용을 어려운 단어를 써가며 길게 설명해봤자 혼란만 야기하고 시간만 더 걸리게 마련이다. 그런데 왠지 이번 경우는 이렇게 간단히 넘어가지 않을 태세다. 사실, 한편으로는 이해가 간다. 누가 봐도 수상해 보이는 동행 아닌가. 질문은 계속 이어졌다.

Q. "뒤에 싣고 있는 짐들은 다 뭔가요? 특히 큰 가방들, 박스 등은?"
A. "기타, 골프채, 음악 CD 등 입니다."
Q. "CD?"
A. "아, 제가 뮤지션이라 돌아다니며 공연도 하고, CD도 팔고 그러거든요."

뭔가 말하면서도 골프채가 잘 설명되지 않는다. 하지만, 묻지 않으면 애써 굳이 해명할 필요는 없다. 다음 질문을 참을성 있게 기다렸다.

Q. "동승자도 뮤지션인가요? 어디서 왔죠?"
A. "이 친구는 관광객입니다. 저와 같이 미국 여행을 하기 위해서 한국에서 LA로 왔죠."

심사관은 파트너의 여권을 보며 잠시 생각 하는 표정을 지은 후 마침내 이렇게 말한다.

"아, 그렇군요. 두 분 캐나다에서 행복한 시간 되세요!"

응? 행복한 시간이라고? 뭐지? 무사히 캐나다 국경은 통과했지만 뭔가 오해 받은 듯한 찝찝한 느낌에 우린 또다시 잠시 침묵에 빠졌다. 사실 이런 느낌이 처음은 아니다. 캘리포니아 면허증으로 대륙 횡단을 하고 있는 산발 머리의 뮤지션과 그와 함께 여행하기 위해 저 멀리 한국에서 건너온 깔끔한 외모의 미소년 조합은 이런 오해를 사기에 충분하고도 남음이 있다. 사실, 남자 둘이서 여행을 다닐 수도 있고, 미국에선 게이 커플이 흔한 경우라 별로 관심 주는 사람도 없긴 하지만, 억울한 건 억울한 거고 스스로 신경이 쓰이는 것 또한 사실이었다.

국경 심사대에서 오해 받는 거야 그곳을 떠나면 그 뿐이니, 별로 대수롭지 않다. 이런 오해가 꽤 불편할 때는 바로 모텔에서 체크인을 할 때다. 카운터 직원이 나의 신분증을 바라보며 "오, 캘리포니아에서 오셨군요! 특별히 원하는 방이 있으세요?" 하며 우리 둘 얼굴

친절한 모텔 주인

을 번갈아가며 흐뭇한 미소로 바라볼 적엔 제대로 해명하고 싶은 맘이 굴뚝같지만, 그런 말을 꺼내는 게 더 이상한 것 같아 애써 꾹 참았던 적이 한두 번이 아니었다.

버지니아 주 경계를 통과할 때도 비슷한 일을 겪었다. 비오는 추운 날씨에, 장거리 운전으로 피곤하진 몸을 이끌고 들른 관광사무소. 마치 편안한 집처럼 아늑하게 꾸며놓은 내부 인테리어 덕분에 몸과 마음이 따뜻해져, 벽난로를 사이에 두고 그럴 듯한 포즈까지 취하며 나란히 사진도 찍고 그랬다. 그때 옆에서 흐뭇하게 우리들을 바라보고 있는 안내소 직원이 미소를 지으며 우리들에게 선물이라며 슬쩍 스티커 하나를 건네는 게 아닌가. 스티커를 바라 본 우리는 조용히 나와서 다시 차에 올라탔다.  그리고 스티커를 운전대와 조수석 사이에 대충 버려 둔 채 뜨거운 커피만 홀짝거리며 한동안 말없이 빗길을 달렸더랬다.

어색해진 분위기의 긴 침묵을 불현듯 깨는 대화는 언제나 그랬듯이 파트너 몫이다. 갑자기 자기가 이전에 여행 중 만난 남자가 갑자기 생각났다며, 이번엔 제법 긴 이야기를 꺼냈다.

"제가 캐나다를 혼자서 배낭여행할 때 이야기인데요. 밴쿠버 Vancouver 에서 밴프 Banff 지역으로 이동하는 버스를 탔는데, 옆에 앉은 귀엽게 생긴 남자애가 자신이 근처에 산다며 이것저것 친절하게 정보를 가르쳐주더라고요. 그래서 쉽게 친해졌죠. 마침 자기 집이 밴프에 있고 한동안 묵어가

도 상관없다고 해서, 이게 웬 떡이냐 생각했죠. 비용도 줄이고 친구도 사귈 겸 며칠 신세지기로 하고 그 친구 집으로 갔는데, 침대가 하나밖에 없더군요. 좀 불편하긴 했지만 어쩔 수 없이 함께 누웠죠. 누운 지 한 5분 정도 되었나, 살포시 잠이 드는가 싶었는데, 그 친구가 갑자기 내 귀에 대고 나지막한 목소리로 '내가 한 번 안아 봐도 괜찮겠니?' 하더군요."
"헉! 뭐야. 진짜?"

순간 자동차가 휘청하며 중앙선을 잠시 넘어갔다 왔다.

"내 반응이 딱 그랬어요. 어찌나 놀랐던지. 도대체 갑자기 왜 이러느냐 그랬더니, 오히려 화를 내면서 아니 이럴 거면 왜 집까지 와서 한 침대에 같이 누웠냐고 따지는 거예요. 큰 오해가 있었다는 사실을 깨닫고, 나는 남자에 관심 없고 전혀 그런 의미로 집에 온 게 아니다. 오해했다면 미안한데, 그래도 밤이 늦었으니 그냥 오늘밤은 어쩔 수 없이 조용히 자자고 그랬죠. 그 친구는 많이 당황한 것 같았지만 포기한 듯 애매한 표정으로, 다시 불을 끄고 침대 반대편 끝에 가서 눕더라고요. 마음은 불편했지만, 그래도 워낙 피곤했던 터라 그럭저럭 다시 잠이 들려는데, 이번엔 침대가 갑자기 흔들거리는 거예요. 순간 소름이 확 돋았어요. 침대를 뛰쳐나가며, 너 뭐하는 짓이야! 소리치며 불을 켰더니, 미안하다고, 자기가 잠이 들려면 어쩔 수 없다며……."

도저히 더 이상 듣고 있을 수도 없었고, 듣고 싶지도 않았다.

"아. 제발 거기까지. 이제 그만!"

Episode 24

믿음은
절실함에서 온다

Jerry_ *That's the last goddamn hitchhiker
  I ever pick up!*
  제리_ 다시는 내가 히치하이커를 태우나 봐라!

The Texas Chain Saw Massacre (1974)

"네 형님, 사실 이야기도 여기까지예요. 그 길로 난 바로 그 친구 숙소를 뛰쳐나왔죠. 늦은 밤에 숙소를 다시 구하기 쉽지 않았지만 도저히 그 집에서는 더 이상 있을 수 없었거든요."

"어유. 놀랐겠네. 그런데, 그 이야기를 갑자기 왜 꺼낸 거야?"

이 질문은 하지 않는 게 나을 뻔 했다.

"아, 그냥 세상엔 별 사람이 많다고요. 그 친구도 겉으로 보고는 전혀 알 수 없었거든요. 그 일을 겪은 후부터는 생판 처음 보는 사람은 일단 경계하는 버릇이 생겼죠. 아 그런데, 형님. 시카고에서 합류하기로 한 친구, 전혀 모르는 사이라고 하시지 않았나요?"

이 눈치 없는 친구. 안 그래도 시카고가 가까워지면서 슬슬 염려가 시작되었는데, 덕분에 걱정되는 시나리오가 하나 더 늘었다. 아닌 게 아니라, 다음 운전 파트너에 대해 알고 있는 정보는 거의 제로에 가까웠고 어떻게 보면 수상한 구석이 한 둘이 아닌 친구였기 때문이다. 여행을 떠나기 한 달 전부터 그동안 써오던 온라인 포털의 칼럼에 이번 여행의 계획과 경로에 대해 올린 적이 있었다. 여행 계획 자체에 대한 사람들의 반응과 경험자들의 댓글 정보가 궁금해서 적어본 내용이었는데, 그 칼럼에 생각지도 못한 재미있는 댓글이 하나 달렸다.

(sun8****) 2013-02-08 14:43

안녕하세요!

3월 초 혼자 배낭여행으로 미국여행 할 계획인 26살 남 대학생입니다.

미국 어디든 가본 적이 없어서 가는 곳마다 새로운 곳이라는 생각에 기대가 큽니다.

혹시 일정 구간만이라도 합류할 수 있으면 정말 좋겠다는 생각이 듭니다.

비용은 물론 공동 부담하는 게 당연한거구요

혹시나 가능하다면 메일이나 쪽지 부탁드립니다.

싹싹하게 잘 여행할 자신 있습니다! ^^

p.s. : 국제운전면허증과 캐나다 드라이브 라이선스 클래스 5 갖고 있습니다.

발레파킹 일도 해봤고 운전은 또래 친구들 평균 이상으로 합니다^^;;

　　마침, 시카고 이후 구간부터 동승자를 구하지 못해서 고민하고 있었는데, 기가 막힌 타이밍에 올라온 댓글. 하지만 어떤 친구인지 이 글만으로는 전혀 알 수가 없었다. 혹시 범죄 경력은 없는지, 미국 배낭여행을 혼자서 어떤 경로로 어떻게 하겠다는 건지, 내가 접선 장소를 제시하면 거기는 어떻게 오겠다는 건지. 게다가 웬 캐나다 운전 자격증? 일단 대담하게 댓글을 올린 젊은 패기와 배짱 자체는 호감이 갔지만, 궁금한 점이 한두 가지가 아니었다.

　　하지만 나에겐 다른 대안이 없었다. 이게 무슨 동네 한 바퀴 도는 산책도 아니고, 어떻게 내가 원하는 구간만큼의 동행을 내 입맛대로 맞춰 구할 수 있겠는가? 물론 돈을 주고 고용하면 가능할 수도 있겠지만, 그렇게 하긴 싫었다. 나만큼 이 여행에 대해 열정적이고 꼭 해보고 싶었던 사람과 함께 하고 싶은 욕심이 컸다. 그래야만 여정에서 겪게 될 많은 불편한 상황과 예상치 못한 변수들에 대해 같은 동료 의식으로 대처할 수 있다. 여행을 할 수 있다는 사실 자체에 대해 나만큼 감사하는 마음이 있는 친구, 그것만은 포기할 수 없는 조건이었다. 첫 번째 파트너도 자신의 마음에 대해서 '버킷리스트'라는 한마디로 표현해 주었기에 잘 몰랐던 친구임에도 불구하고 묻지도 따지지도 않고 미국으로 초대했던 것이다.

이 젊은 친구의 경우는 자신의 열정을 표현하는 방식이 조금 달랐다. 내가 댓글의 내용 중 가장 중요하게 생각한 부분은 국제운전면허증도, 발레파킹 경험도 아니었다. 자격증 따위가 사람을 판단하는 데 무슨 도움이 되겠는가. 보다 관심이 간 대목은 비용을 공동 부담하겠다는 부분이었다. 내가 요구하지도 않았는데, 스스로 그런 생각을 가지고 있다는 걸 먼저 밝힌 데다, 배낭여행을 하려는 대학생의 호주머니 사정을 감안해 볼 때 그만큼 여행에 대한 의지와 열정이 강한 친구라고 판단했다. 무모하고 경솔한 판단일까? 그럴지 모른다. 하지만 이 로드 트립 자체가 무모하고 경솔한 계획에서 출발했으니 거기에 걸맞은 무모함이라고 생각했다.

중요한 의사 결정을 할 때, 보통 많은 정보를 살펴보며 심사숙고하지만 정작 실행에 옮기게 되는 결정적 요인은 그 일을 진행해야만 하는 '절실함'과 더 이상 미룰 수 없는 '타이밍'인 경우가 많다. 특히 혼자 스스로 뭔가를 시작하고 진행해 본 경험이 있는 사람들은 이게 무슨 말인

두 번째 동행
디트로이트 8마일 로드 표지판

시카고 스카이라인
징거맨스 델리카트슨
헨리포드박물관

지 더 와 닿을 것이다. 어쨌든 나에게 로드 트립의 완주와 이를 위한 운전 파트너를 구하는 일은 매우 '절실'했고, 이 친구만큼 열정과 구체적인 제안을 내게 해주는 사람이 그 '타이밍'에는 없었다.

술 한 잔 할 수 있는 친구들은 주변에 많지만, 하려고 하는 일에 대해 같은 열정을 가진 동료를 만나기는 정말 어렵지 않은가. 그만큼 이 만남에 대해 감사하고 소중한 일로 여겨야 할지도 모른다며, 나 자신을 설득하기 시작했다. 댓글을 보고 하루 정도를 지내며 이런 저런 생각을 해 본 후, 다음 날 댓글에 남긴 이메일 주소로 정성스럽게 답장을 써서 보냈다. 얼마 지나지 않아 그에게서 다시 답장이 왔고, 그렇게 몇 번 주고받은 이메일을 통해 한 달 뒤 만날 장소를 시카고로 정했다.

그가 〈텍사스 살인마〉에 등장하는 사이코 히치하이커인지, 아니면 은근한 로맨스를 기대하고 있는 친구인지 사전에 확인해 볼 길은 없다. 하지만 그의 이메일을 믿고 가는 것 이외에 나에겐 다른 선택의 여지가 없다. 사람에 대한 믿음 없이 할 수 있는 일이 도대체 뭐가 있단 말인가? 지금 시점에서 가장 중요한 건 과연 그가 만나기로 한 장소에 나타날 것인가 하는 부분이다. 나머지 쓸데없는 걱정들은 그를 만나고 난 후에 해도 늦지 않다.

저 멀리 그를 만나기로 한 도시, 시카고의 스카이라인이 보인다.

토론토 다운타운
토론토 하키박물관 로비

디트로이트 조 루이스 기념비
GM 디트로이트 본사
폐허가 된 디트로이트 외곽의 한 공장

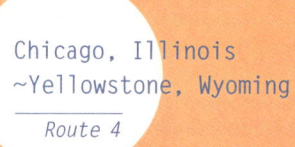

Chicago, Illinois
~Yellowstone, Wyoming

Route 4

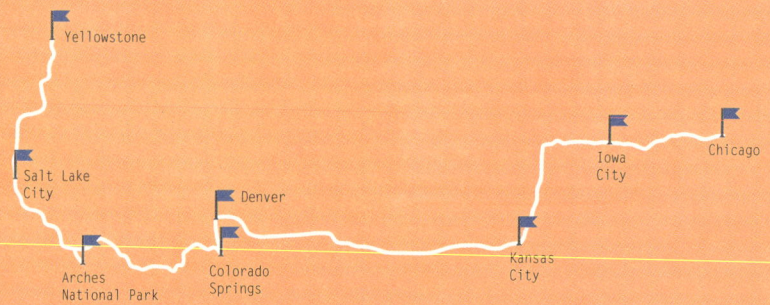

Episode 25

시카고,
낯선 이와의 조우

Eletro_ *Why should I trust you?*
Green Goblin_ *Because I need you!*
일렉트로_ 내가 왜 널 믿어야하지?
그린 고블린_ 내가 널 필요로 하니까!

Amazing Spiderman 2(2014)

"나타나 줘서 고마워요!"

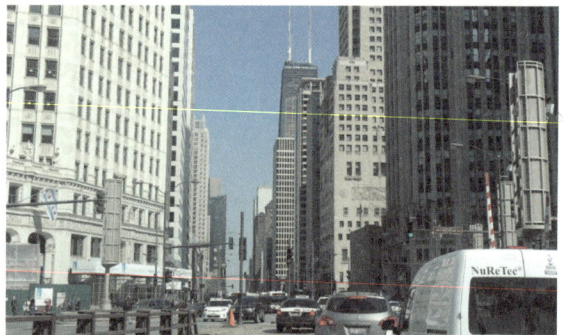

노스캐롤라이나 대학의 호수
시카고 다운타운
클라우드 게이트

두 번째 운전 파트너를 보자마자 나도 모르게 나온 첫인사다. 185㎝는 족히 되어 보이는 훤칠한 외모에 건장한 체격을 가진 친구, 나를 보자마자 활짝 웃으며 90도로 꾸벅 인사하더니 이렇게 되받는다.

"어유, 선생님. 무슨 말씀이세요. 저야말로 혹시 맘 바꾸셔서 절 여기 그냥 버려두시지나 않을까 얼마나 조마조마했는데요. 이렇게 함께하게 되어서 무한 영광입니다!"

생각해보니 맞는 말이다. 나야 이 친구가 안 나타나더라도 혼자서 차를 몰고 내 갈 길을 계속해서 가면 되는 상황이지만, 이 친구는 달랑 이메일 몇 개만 믿고서 배낭 하나 메고 이 먼 곳까지 뚜벅이 신세로 찾아온 것 아닌가? 의사결정의 무모함과 믿음의 정도를 따지자면 이 친구가 나보다 훨씬 컸다. 그 정도로 절실하니 용감하게 댓글도 달고 결국 이곳까지 왔을 것이다. 내가 나타나리라는 것을 무조건 믿고서 말이다.

결국 이 친구도 나처럼 자기의 꿈을 좇아, 그곳이 어디든 떠나야 직성이 풀리는 유목민일 따름이었다. 애초부터 의심과 걱정 따윈 필요 없었다. 항상 그렇듯 나만의 소설이고 혼자의 고민이다. 어찌 이리도 믿음이 부족하단 말인가. 젊은 친구에게 또 한 번 배웠다는 생각에 선생님이란 호칭이 부끄럽기만 했다.

"선생은 무슨……. 자네가 내 선생님이네."

시카고에서는 꽤 오래 머물렀다. 건축의 도시답게 다운타운 건물들도 멋지고 돌아볼 곳이 많기도 했지만, 전체 여정의 절반이 끝났고 운전 파트너도 바뀌었으니 여정에 대한 중간 점검과 충분한 휴식이 필요했다. 특히, 시카고 이후 경로는 그야말로 미지의 코스. 주변에 달려본 사람들도 없었고, 따라서 정보도 별로 없었다. 시카고 Chicago, 아이오와시티 Iowa City, 캔자스시티 Kansas City, 덴버 Denver로 이어지는 2,000km 평야 구간을 달린 후 다시 로키산맥을 북서쪽 방향으로 넘어 대륙 반대편 서부 해안까지 도달해야 하는 길고도 험한 구간. 지루해 죽거나 사고로 죽거나 둘 중 하나다. 사람들이 잘 안 다니는 데엔 이유가 있지 않겠는가.

이런 미지의 구간을 달려야 하는 상황에서 나타난 두 번째 동반자는 '거의' 완벽한 파트너였다. 지치지 않는 젊은 체력, 긍정적인 성격에 싹싹한 붙임성까지, 첫 번째 파트너와는 완전히 반대다. '과묵하지만 능력 있고 일처리가 능숙한 과장'과 '싹싹하고 열심이지만 경험이 적어 다소 어리버리한 신입사원' 같은 느낌이랄까. 각각의 시점에 적절하게 필요한 자질을 갖춘 훌륭한 파트너들. 내 입장에서는 그들이 이렇게 나타나 준 것 자체가 너무나도 신기하고 감사한 일이었다.

좋은 파트너를 만나는 것만큼 중요하고 어려운 일이 없다. 하지만 '완벽한' 파트너가 세상에 어디 있겠는가. 아니, 그보다 내가 결점투성이인데, 완벽한 파트너가 왜 나에게 오겠는가. 바라는 것 자체가 욕심이다. 그저 나와 맞고 내가 인정하는 부분이 나머지 단점을 충분히 가려줄 수 있을 정도로 훌륭하면 그만이다. 그것이 나에겐 완벽한 파트너의 기준이었다.

이전 파트너와 다른 이 청년의 또 한 가지 특징은 말하기를 참 좋아한다는 점. 첫날부터 운전석과 조수석 간의 대화가 끊이지 않는다. 나에 대해 궁금한 것도 많고, 내 눈에는 평범해 보이는 주변 풍경에도 연발 감탄사를 날려대며 많은 질문을 해댄다. 한편으로는 모든 것이 새로워 보이는 젊은 날의 순수함이 부럽기도 했다. 하지만 젊은 날은 가난한 법. 식사 한 끼 값이 5불을 넘기려 하면, 메뉴판을 보며 잠시 고민에 빠지는 전형적인 대학생 배낭여행자의 모습을 보이기도 했다.

조금 더 넉넉한 입장에서, 이것저것 사주고 싶은 마음도 들었지만 그러면 팀워크가 어색해 질 수 있다. 함께 같은 입장에서 여정을 헤쳐 나가는 동등한 파트너가 되기 위해서는 한 명이 다른 이의 보호자가 되어서는 안 된다. 그래서 가능한 한 파트너의 상황에 맞춰가며 같이 아끼기로 결심했다.

모든 상황은 생각하기 나름이다. 지루한 구간으로 접어들었기에 운전하며 수다가 필요하기도 했고, 그동안 들인 비용도 만만치 않았기에 아끼는 것은 나에게도 감사한 일이었다. 사실 이 친구 입장에서 생각해 보면, 생판 처음 보는 나이 많은 아저씨와 긴 여행을 한다는 것이, 나름 많이 불편하고 긴장도 되는 상황이었을 것이다. 그런데도 매사에 긍정적이고 밝은 모습으로 대하는 모습이 오히려 내가 느끼는 조그만 불편함마저도 부끄럽게 만들었다. 나도 모든 일에 감사하는 맘으로 대하며, 이 친구에게 불만이 좀 생기더라도 잔소리 같은 건 되도록 하지 말자고 다짐했다.

하지만, 이 결심은 첫날밤부터 무너졌다. 숙소에 도착해 샤워를 하고 나왔는데, 아니 이 친구, 그 조그만 모텔 방 안에서 팬티 바람으로 막 돌아다니고 있는 게 아닌가! 갑자기 첫 번째 파트너가 들려준 캐나다 밴프의 하룻밤 사건 이야기가 생각나며 나도 모르게 한마디 던지고 말았다.

"어이 선생님! 제발 바지는 좀 입자. 응?"

Episode 26

진정으로 하고 싶은 일을
찾는다는 것

Grandpa_ A real loser is someone who's so afraid of not winning he doesn't even try.
할아버지_ 진짜 패배자는 실패가 너무 두려워 시도조차 해보지 않는 사람이야.

Little Miss Sunshine(2006)

시카고를 떠나 88번 하이웨이와 30번 국도를 이용해 최단거리로 일리노이 Illinois 주를 빠져나와, 3주 전 미 대륙 남쪽 뉴올리언스에서 건넜던 미시시피 강

을 이번엔 상류 지점에서 반대 방향으로 건
넜다. 순간 주 경계를 이루고 있는 센터니얼
브리지 Centernial Bridge 위에 걸린 아이
오와 주의 웰컴 간판이 차 너머로 휙 지나
간다.

"선생님, 아이오와 주에는 옥수수
밭이 많다고 하네요. 가도 가도 끝
없이 나온대요."
"아 그래? 팝콘은 실컷 먹을 수 있
겠구나."

사실, 아이오와 주에는 팝콘보다 훨씬
더 중요한 방문 목적이 따로 있다. 이곳에
살고 있는 옛 음악 친구를 만나 아이오와시
티 Iowa City의 한 음악 카페에서 함께 미
니 콘서트를 열기로 한 것.

"빠-빠-빠-빠-빠-빠~ 사랑이라 부를 수
있을까, 이렇게 알 수 없는 기분을."

아이오와 주 진입
아이오와시티의 팝콘 가게

모든 일은 히트곡 하나에서 시작되었
다. 내 인생의 가장 거짓말 같은 사건. '아카
펠라 그룹, 인공위성.' 평범한 대학생들이

인공위성 1집 앨범
인공위성 2집 앨범

하루아침에 가요 Top 10 상위권에 올라가는 전국구 스타가 되었다. 1993년 당시 한국인들에겐 생소했던 무반주 음악 아카펠라라는 장르에 매료된 대학교 합창단 동아리 친구들끼리 순수하게 즐길 목적으로 정기적으로 모여 연습을 하고 있었는데, 미국에서 보이즈 투 맨의 'It's So Hard to Say Goodbye to Yesterday'라는 아카펠라 곡이 크게 히트하면서 유사한 그룹을 만들어 보려던 기획사의 눈에 띄어 음반 취입을 하게 된 것. 방송 출연도 하고 콘서트도 하더니, 급기야는 전국 투어에다 유명한 패션 브랜드의 광고 모델 CF까지 찍게 되는 일이 벌어졌다.

당시 인공위성의 인기는 요즘의 웬만한 아이돌 부럽지 않은 수준이었다. 처음 들어보는 음악 장르에 대한 신기함과 최고 학부의 엘리트 이미지, 그리고 준수한 외모를 가진 일부 꽃미남 멤버들의 인기가 함께 작용하며, 첫 방송 출연 후 순식간에 많은 팬들이 생겨나게 되었다. 앨범도 많이 팔리고, 팬레터도 많이 받고, 심지어 콘서트를 할 때마다 따라다니며 괴성을 질러대는 여중고생 그루피까지 생길 정도였다.

얼떨떨한 데뷔 시기가 지나가고, 유명세의 거품이 꺼지며 새롭게 발표하는 음반 판매량도, 콘서트를 보러오는 관객들도 점차 줄어들었다. 하지만, 어차피 순수하게 음악 자체가 좋아서 시작했던 우리들은 인기와 상관없이 계속해서 콘서트를 했고, 그 때부터 TV 출연이나 대형 콘서트를 통해서는 겪을 수 없었던 소중한 순간들을 만나기 시작했다. 그건 바로 소극장 공연에서만 느낄 수 있는 진정한 음악 팬들과의 긴밀한 소통의 순간들.

열심히 준비한 공연 세팅, 멘트 하나, 레퍼토리의 흐름에 대해 그들이 어떻게 반응하는지 한눈에 보이는 공연. 우리가 던진 농담에 까르르 웃고 진지한 이야기에는 고개를 끄덕이며 공감하다. 연주를 시작하면 미소를 지으며 음악에 젖는 그들의 모습을 눈앞에서 볼 수 있는 그런 공연. 그렇게 행복해 하는 관객들과 함께 호흡할 수 있는 작은 공연들을 통해 나 자신도 행복해지는 걸 느낄 수 있었다.

그때 나는 생각했다. 이것이야말로 진정으로 내가 하고 싶은 일이 아닐까. 사람들이 좋아하는 노래를 만들고, 그 노래에 공감하는 사람들을 초청해 하고 싶은 이야기와 노래를 라이브로 들려주며 교감을 나누는 일. 이 일이라면 평생 보람을 느끼며, 지치지 않고 죽을 때까지 재미있게 할 수 있겠다는 생각이 들기 시작했다.

하고 싶은 일을 찾는다는 것은 참으로 어려운 일이다. 막연하게 재미있어 보이는 일은 많지만, 정말 내가 심각하게 해 보고 싶은 일인지 확인해 보는 건 웬만한 노력으로는 얻기 힘들다. 그 일을 하느라 여러 날 밤도 새워봐야 하고, 결과물에 대한 사람들의 냉정한 평가도 받아 봐야 한다. 그 모든 힘든 과정 속에서도 내가 지치지 않고, 오히려 좀 더 잘하고 싶은 욕망이 끊임없이 생긴다면 그 일은 정말 자신이 하고 싶은 일일 가능성이 높다. 다만 그 사실을 알기 위해서는 많은 시간과 용기가 필요하다.

나에게는 노래를 만드는 일이 그랬다. 인공위성 2집 앨범부터 수록곡 작업에 참여하며, 없는 실력에 아카펠라 음악을 만들어 보았다. 가사를 만들고, 멜로디를 붙이고, 거기에 화음을 붙이는 편곡까지. 부족한 기본에, 재능도 없고 해서 엄청난 시간이 걸렸다. 앨범 녹음 날짜에 맞추어 곡을 만들고 악보를 그리느라 수많은 밤을 꼬박 지새워야 했다. 하지만, 전혀 지루하거나 피곤하지 않았다. 내가 하고 싶은 이야기를 노래를 통해 표현하고, 연습과정을 통해 그것이 제대로 구현되는지 확인해 보고, 마음에 들지 않은 부분을 다시 고치고, 마침내 녹음실에서 그걸 음반으로 담아내어 사람들에게 들려주는 일들이 나에겐 너무나도 흥분되고 신나는 일이었다. 피곤에 지쳐 쓰러져 잠들다가도 내 음악이 누군가의 라디오나 어딘가 커피숍에서 흘러나오는 장면이 꿈에 나오면 벌떡 일어나 다시 작업에 몰두하곤 했다.

너무나도 하고 싶고, 정말 잘해 보고 싶은 일. 그런 일을 제대로 하기 위해서는 시간이 언제나 부족하게 느껴지는 법이고, 일정이나 휴식 시간 따위는 별로 의미 없다. 오직 드는 생각은 한 가지다. 그래 계속 해 보는 거야, 잘 할 때까지!

마침내 바로 내가 그토록 행복해 하는 소극장 콘서트 시간이 찾아 왔다. 그것도 머나먼 미국 땅, 이름도 생소한 아이오와시티의 한 음악 카페에서. 그곳을 찾아준 100여 명의 청중 앞에서 내가 만든 노래들을 부르기 전 살짝 감흥에 젖어, 짧은 이야기를 꺼냈다.

"이 노래를 처음 만들었을 때가 기억나네요. 3일 동안 꼬박 밤을 새워 악보를 완성하고 한숨도 자지 못한 채 녹음실로 달려가서, 다시 밤새도록 녹음한 후 따끈따끈한 데모용 카세트 테이프를 집으로 돌아오는 차 안에서 틀었죠. 너무나도 설레는 그 느낌. 눈은 잔뜩 충혈되어 있었고, 몸은 녹초가 되어 졸음이 쏟아졌지만, 정신만은 그 어느 때보다도 깨어 있고 들떠 있었어요. 당시엔 미처 깨닫지 못했지만, 바로 그때가 내가 앞으로 평생 하면서 살고 싶은 일이 뭔지 발견한 순간이었죠."

분주한 공연 준비

'지루한 일을 하며 사는 사람들은 은퇴할 날을 손꼽아 기다립니다. 은퇴 후 여유롭게 정원이나 가꾸고 집안일을 하고 지내고 싶다며. 하지만 난 지금 충분히 여유롭게 즐기고 있습니다. 이 일은 전혀 은퇴하고 싶지 않은 일이에요. 난 이 일을 할 수 있을 때까지 계속 할 겁니다.'

지금까지도 월드 투어를 하고 있는
폴 매카트니(1942년 생)의 2003년 미국 공연 인터뷰 중에서

Episode 27

음악에 이끌려
친구에 이끌려

곽영빈과 함께 한 공연

어느덧 콘서트는 한 곡만을 남겨 두고, 마지막 멘트를 해야 하는 시간이 되었다. 가장 어려우면서도 중요한 순간이다. 혹시 못다 한 이야기를 할 수 있는 마지막 기회이기 때문. 그래서 보통 콘서트 클로징 멘트는 다소 길어지는 경향이 있다.

"어느덧, 마지막 곡을 들려드릴 시간이 되었네요. 끝까지 함께 해 주셔서 진심으로 감사드립니다. 마지막으로, 제가 왜 이런 여행을 하고 있는지 말씀드려볼까 해요. 우선 미국을 오게 된 이유는 '팝송' 때문입니다. 어려서부터 팝을 무지 좋아했거든요. 가사도 잘 안 들리는 영어 노래가 왜 그렇게 좋았던지. 그때는 다들 가요보다 팝을 많이 듣던 시절이라 당시 십대의 아이돌은 바다 건너 파란 눈을 가진 팝스타들이었죠. 듀란듀란 Duran Duran, 웸 Wham, 시카고 Chicago 등. 학창 시절 공부하는 척 하면서 이어폰을 한쪽 귀에 꽂고 라디오에서 흘러나오는 그들의 노래를 열심히 들었죠. 지금도 눈을 감으면 그때 공부방에 놓여 있던 빨간색 라디오가 눈에 선합니다.

어린 시절이었지만 막연히 느꼈던 팝송의 매력은 영어로 된 노래라는 점이 컸던 것 같아요. 세계의 많은 사람들이 이해하는 언어로 만들었기에, 지구 반대편에 있는 나에게까지 이 노래가 전달될 수 있는 거라 생각했고 그게 왠지 신기했죠. 국가나 인종을 초월해 많은 동시대의 지구인들이 음악을 통해 하나가 되는 듯한 느낌이 참 좋았습니다. 가사가 다 들리지는 않더라도 반복되는 코러스의 메시지는 들리니까, 그것만으로 나름의 스토리를 상상할 수 있었던 부분도 재미있었죠. 아무튼 그때부터 그런 꿈이 나에게 생겼던 것 같아요. 나도 언젠가 전 세계 사람들이 함께 듣고 느낄 수 있는 영어 노래를 만들어 보고 싶다는 생각. 호랑이를 잡으려면 호랑이굴로 들어가야 한다잖아요. 그래서 전 팝의 본고장 미국으로 건너와 보기로 했죠. 제대로 하려면 그래야만 한다고 느꼈어요.

그렇게 미국으로 건너와서 음악 공부도 하고 음반도 내게 되었죠. 하고 싶은 걸 원 없이 하다 보니 전부터 해보고 싶던 미국 횡단도 이번 기회에 꼭 해봐야겠다는 생각이 들었어요. 하지만 워낙 비용과 시간

이 많이 드는 프로젝트라 어떡하나 하던 차에 한 인공위성 멤버로부터 연락이 왔어요. 자기가 애틀랜타에 와 있게 되었는데 시간 내서 한 번 놀러 오라고 말이죠. 사실, 또 다른 멤버 두 명이 미국에 이미 살고 있는 걸 이전부터 알고 있긴 했지만 한 명은 뉴욕에, 한 명은 여기 아이오와에, 이렇게 너무나도 멀리 떨어져 있었기에 만나기가 막연했죠. 하지만, 이 전화를 받는 순간 결심했어요. 그래 이참에 내가 미국 한 바퀴 돌지 뭐! 하고 말이죠.

결국 그렇게 저는 길을 떠났고, 미국을 돌며 친구들을 만났어요. 눈물겹도록 반가운 만남들. 선택한 삶도, 미국으로 오게 된 이유도 서로 다 달랐기에, 가는 곳 마다 밀린 이야기로 밤을 지새웠죠. 그리고 지금 여기에서 또 이렇게 마지막 음악 친구를 만나 여러분께 음악과 이야기를 들려주고 있네요.

이곳까지 오느라 6,000마일을 넘게 운전했지만 제 인생의 어느 부분과도 바꾸고 싶지 않은 값진 경험들이었습니다. 아마도 지금 이 순간이 그 중 최고의 기억으로 남게 되지 않을까 싶습니다. 제 꿈을 좇아, 친구를 찾아 이곳까지 와서 제가 만든 팝송을 여러분께 들려드리고 있는 지금이야말로 어릴 적부터 꿈꾸었던 바로 그 순간이거든요. 이 모든 걸 가능하게 해 준 소중한 친구들이 너무 고맙습니다. 그리고 이렇게 여기서 제 이야기와 음악을 들어주고 계신 바로 여러분들께 진심으로……."

여기까지 말했을 때 가슴 속에서 뭔가 울컥하고 올라와 순간 말이 끊겼지만, 관중 속 여기저기서 흘러나오기 시작한 박수와 환호 소리에 더 이상 말이 필요 없다는 걸 깨닫고 마지막 곡을 부르기 시작했다.

Drive into the Sunset

Another day just passing me by
And I'm watching one more star fall
Just like the Moon and Venus above the twilight sky
A dream so close, yet so far away
On this journey through the desert
What I believe is only here right now

I drive into the Sunset, the day's not over not yet
I don't want to let this moment go
I drive into the Sunset, I don't wanna let you go
back to the sunny days of my faded memory

또 하루가 이렇게 지나가고
저기 또 하나 별이 지네
어둑해진 저녁하늘에 걸린 초승달처럼
잡힐 듯 잡히지 않는 나의 꿈
홀로 떠나 외로운 이 길에
믿는 건 오직 여기 이 순간

석양을 향해 달리네, 오늘은 아직 끝나지 않았어
지금 이 순간을 그냥 보내고 싶지 않아
석양 속으로 달려가네, 널 보낼 순 없어
잊혀져갈, 희미해진 기억 속으로

JihoonOwl
Drive into the Sunset
Drive into the Sunset / 2013

Episode 28

CD를 팔아,
캔자스시티까지

오후 늦게 도착한 캔자스시티 Kansas city. 그래도 미주리 Missouri 주를 대표하는 대도시라 나름 붐빌 거로 예상했던 다운타운 구석구석이 의외로 한산하기만 하다. 도시 소개 사진에 꼭 나오던 조각 공원 내 거대한 배드민턴 셔틀콕 조형물 주변에도 사람 하나 없긴 마찬가지. 뭔가 특이한 사진을 남겨보려 조형물을 타고 올라가다, 공원 내 스피커 방송 멘트에 딱 걸렸다.

"헤이 맨, 그거 올라타는 거 아니에요."

거대한 배드민턴 셔틀콕

아메리칸 재즈 뮤지엄

"조용한 방으로 하나 주세요."

도시 외곽에 위치한 값싼 모텔 카운터에서 왠지 이곳과 어울리지 않는 화사한 느낌의 아름다운 여성이 우리를 맞이한다. 내 신분증을 보더니, "오. 캘리포니아에서 왔군요. 나도 그곳 출신인데. 전 산타바바라 Santa Barbara 쪽에 있었어요."라고 반갑게 말을 건다. 그곳에 공연 차 몇 번 가본 풍월로 예쁜 식당이나 야외 공연장 이야기로 맞장구치며 대화를 이어가다, 캘리포니아에 비해 이곳은 살기 어떠냐는 나의 질문에 그녀는 다시 정색하며 이렇게 말한다.

"여기로 이사한 후 그곳을 하루도 그리워하지 않은 적이 없어요. 특히 그곳
의 푸른 하늘. 언젠간 다시 돌아갈 수 있겠죠?"

캘리포니아로 향하는 우리의 여정을 진심으로 부러워하는 듯, 그녀는 마치 내일 아침이라도 당장 우리 차에 뛰어들 기세로, 우리를 잠시 물끄러미 쳐다보았다.

푸른 하늘을 그리워하는 그녀의 기분을 잘 알고 있다. 내가 다시 캘리포니아를 찾은 이유도 처음 방문할 때 보았던 새파란 하늘 때문이었으니까. 잠시 머물렀던 나도 그 정도였는데, 거기서 오랜 시절을 보낸 그녀는 오죽하겠는가.

누구에게나 그리워하는 대상과 장소가 있다. 그 중 어떤 그리움은 그곳에 직접 가서 그 대상을 다시 만나기 전까진 여간해선 사그라지지 않고 오히려 더 커지기도 한다. 그런 그리움은 그 사람을 그곳으로 결국 이끌고 마는 강력한 자성이 된다. 이 먼 캔자스시티까지 이사를 오게 된 그녀만의 사정이 있었겠지만, 그녀의 그리움 가득한 눈망울을 보면서 나는 나름 확신에 찬 어조로 그녀에게 대답했다.

"꼭 돌아가게 될 거예요. 당신이 계속 그곳을 그리워하는 한."

임시 CD 가판대

그녀가 건네 준 열쇠로 방문을 열고 들어가 침대에 누웠다. 갑자기 어젯밤 아이오와시티 공연에서 마지막 곡을 부른 후 농담처럼 던졌던 마지막 멘트가 생각이 나, 갑자기 웃음이 났다. 전혀 계획하지 않고, 갑자기 떠오른 즉흥적인 대사였다.

"여러분 정말 감사드립니다. 나가는 문 쪽에서 제 음악 CD를 팔고 있습니다. 꼭 사달라는 건 아니지만 대신 드리고 싶은 말씀은 CD를 판매한 돈은 자동차 기름 값으로 쓰인다는 점입니다. 10장이 팔리면 캔자스시티까지, 20장이 팔리면 덴버 정도까지 갈 수 있어요. 만약 한 장도 안 사 주시면, 음. 이 도시 거리 어디에선가 기타 박스 위에 CD를 깔아 놓고 열심히 노래하는 제 모습을 한참동안 보시게 될지도 모릅니다."

이 마지막 멘트를 듣고 사람들이 갑자기 웃으며 박수로 환호했고, 나는 순간 아차 싶었다. 혹시 정말 한 장도 안 사 주는 게 아닐까. 하지만, 잠시 후 많은 사람들이 CD 가판대 앞으로 모여 들었고, 심지어 CD에 사인을 받기 위해 줄까지 서기 시작했다. 믿을 수 없는 광경에 감사한 마음으로 열심히 사인을 해댔고, 운전 파트너는 상기된 얼굴로 옆에서 돈을 걷기 시작했다. 팔린 CD 수는 10장도, 20장도 아닌 자그마치 40여 장! 덴버를 지나 로키산맥을 넘어 대륙 건너편까지도 갈 수 있는 기름 값을 내 음악을 팔아 번 것이다. 진정한 트래블링 뮤지션의 기쁨을 맛보는 순간이었다.

물론, 그들이 돈을 주고 CD를 산 것은 단순히 내 음악만이 아닌, 내 꿈과 여행에 대한 후원이라는 것을 알고 있다. 어차피 나에겐 같은 의미다. 내 음악이 누군가로 하여금 또 다른 꿈을 꾸게 했다면 그걸로 할 일을 다 한 거고, 충분히 대가를 받을 자격이 있다. 그렇게 내 음악이 계속 이어질 수만 있으면 된다.

캔자스시티 도심의 한 벽화
캔자스시티의 한국전쟁참전비

You can reach me by railway
You can reach me by trailway
You can reach me on an airplane
You can reach me with your mind

There are hills and mountain between us always something to get over
If I had my way, surely you would be closer
I need you closer
I don't care how you get here
Get here if you can

기차를 타고 나에게 올 수도
산을 넘어 올 수도, 비행기로 올 수도
아니면 마음으로 올 수도 있죠

우리 사이엔 언제나 넘어야 할 언덕과 산이 있어요
어떻게 하면 좀 더 가까워 질 수 있을까요
당신이 가까이 오길 원해요
어떻게 오는지는 상관 없어요
여기로 오세요, 할 수만 있다면

Oleta Adams*
Circle of One
Get Here / 1990

★ 미국 시애틀 출신의 가스펠 싱어이자 싱어 송 라이터. 무명 시절, 당시 미국 투어 차 캔자스시티 공연을 끝내고 재즈바에 들른 영국의 유명 밴드 '티어스 포 피어스 Tears for Fears'에게 현장에서 즉석 발탁되어 밴드의 다음 앨범에 'Woman in Chains'란 곡의 보컬로 참여하며 세상에 알려지게 되었다.

Episode 29

다시 길 위의
사색 속으로

Carry on my wayward son
There'll be peace when you are done
Lay your weary head to rest
Don't you cry no more

고집쟁이 녀석, 계속 가보렴
끝나고 나면 평안이 찾아올 거야
복잡한 마음 내려놓고
더 이상 울지 마

Kansas
Leftoverture
Carry On Wayward Son / 1976

캔자스시티를 서쪽으로 빠져나오니 캔자스 Kansas 주의 넓은 평야 지역을 가로질러 끝없이 뻗은 직선도로 구간으로 다시 접어든다. 오늘 달려야 할 거리는 약 800km. 쉴 새 없이 질문을 해대던 젊은 파트너도 오늘은 운전 거리가 부담스러워서인지 아침부터 조수석에서 곤히 잠들어 있다. 수면에 방해가 되지 않도록 스피커의 밸런스를 왼쪽으로 한참 빼놓은 채 볼륨을 낮추고, '시리우스 엑스엠 Serious Xm' 위성 방송의 발라드 팝 채널에서 끊임없이 흘러나오는 추억의 옛 음악들을 들으며 긴 사색의 시간에 빠지기 시작했다. 로드 트립 중 내가 가장 즐기는 순간이다. 살면서 이만큼 한 가지 생각에 깊이 몰두할 수 있는 시간을 가질 기회가 얼마나 있었던가.

미국 대륙 횡단을 한다는 것. 수많은 로드 트립을 소재로 한 영화에서 나오는 그런 황당한 사건들은 실제로 별로 일어나지 않는다. 드라마나 영화가 다른 세상일에 대해서 과대 포장하듯, 거의 대부분 허구이자 판타지이다. 한 달 동안 달려온 그동안의 여정 중 그나마 영화에 등장할 법한 장면은 바로 어젯밤 모텔 옆방에서 자기 방문을 열고 나체로 튀어나온 한 여자와 복도에서 우연히 맞닥뜨린 사건 정도다.

"웁스, 아임 소리!"
"난 괜찮은데, 추워 보여요. 감기 걸릴라, 어서 들어가세요."

짧은 대화와 함께 그 사건마저 싱겁게 끝났다. 아마도 젊은 남녀 여러 쌍이 한 방에서 마리화나를 피면서 광란의 술 파티를 벌이고 있는 듯 했다. 우리 방으로 흘러들어오는 냄새와 소음이 너무 거슬려, 다른 방으로 바꿔달라는 요청을 통해 아예 해프닝의 가능성마저 없애버렸다. 어설픈 이벤트를 만드는 것보다, 내일을 위해 오늘 휴식을 잘 취해야 하는 게 로드 트립의 본질에 더 가깝기 때문이었다.

로드 트립의 본질. 좀 거창한 표현이긴 하지만 한번 이야기해 본다면, 이것은 '즐거움'이나 '흥분', 이런 단어들과는 다소 거리가 있다. 물론 가보지 않은 길을 달리는 일 자체는 흥미롭고, 재미있는 일들을 겪을 때도 있지만, 전반적인 느낌은 '지루함'에 더 가깝다. 특히나 광활한 미국 땅 대부분을 차지하는 아무도 살지 않는 지역 한가운데로 나 있는 외딴 도로를 아주 오랫동안 달려야 하는 미국 대륙 횡단의 경우 더더욱 그러하다.

끝없는 직진 도로

상상해 보자. 마치 엽서 사진처럼 거의 변하지 않는 자동차 전방 풍경, 저 멀리 한 점 속으로 뻗어 있어 그 끝을 가늠하기 어려운 직선도로, 아무리 달려도 내 차 앞뒤로 다른 차의 모습이 보이지 않는 텅 빈 길. 이렇게 지루함의 요소들이 삼위일체로 만나는 상태가 몇 시간씩 지속되는 경우도 심심치 않게 생긴다.

이렇게 지루한 자동차 로드 트립을 왜 하는 걸까?

사실, 주변에 보면 그런 일들이 많이 있다. 굉장히 힘들거나 별로 재미없어 보이는 일을 열심히 계속해서 하는 사람들이 있다. 등산이나 낚시가 그렇게 보일 수 있고, 암벽 등반, 스카이다이빙 등 위험해 보이는 하드코어 스포츠도 어떤 사람들에겐 그렇게 보이기도 한다. 대체 왜 그토록 위험하고 힘든 일을 시간과 돈을 들여 가며 하는 걸까?

이유와 사정이 조금씩 다를 수 있겠지만, 대부분의 경우는 그 일이 주는 본질적인 즐거움에 대한 중독 때문이다. 중독되지 않거나, 첫 경험 자체가 별로 좋지 않으면 한 번의 경험으로 그치지만, 일단 중독되면 그 일이 주는 즐거움은 매우 깊다. 말로 설명하기도 힘들고, 옆에서 보기만 해서는 절대 알 수 없는 법이다.

대부분의 일에서 중독을 일으키는 요인은 다소 역설적이지만, 그 일의 신나고 재미있는 부분보다는 고통스럽거나 두려운 부분과의 연관성이 더 높다. 그걸 극복하는 과정에서 쾌감이 오는 것이다. 그 쾌감으로 인해 그 일을 반복해서 하다보면 두려움은 점차 사라지고, 그러면서 그 일이 쉬워지며 더 잘하게 되고, 어느새 그 일을 진정 즐기는 단계에 도달하게 된다.

한 스카이다이빙 마니아 친구가 해 준 이야기가 있다. 처음에는 그냥 재미있어 보여 신청했는데 비행기를 타면서부터 후회가 되기 시작하더니, 뛰어내리기 직전엔 정말 심장이 멎을 것처럼 두려워서 도저히 못하겠다고 고함을 마구 질러 댔단다. 결국 조교에게 떠밀려 뛰어내렸고, 눈물, 콧물 다 쏟으며 혼비백산의 상태로 땅에 내려온 후 그는 다시 이 짓을 하면 성을 갈겠다는 다짐까지 했다고 한다. 그런데, 집에 가서 곰곰이 생각해 보니 죽음과 직면하는 듯한 두려운 순간을 극복해 냈다는 사실 자체가 점차 짜릿함으로 다가오더란다. 결국 그 짜릿함이 그를 스카이다이빙 장소로 다시 이끌었고, 한 번이 두 번이 되더니 이젠 완전히 마니아가 되어, 요즘도 심심찮게 다시 비행기에 오르는 자신의 모습을 페이스 북에 올리곤 한다. 성도 갈지 않은 채 말이다.

  스카이다이빙을 경험한 사람이 모두 이 친구처럼 되는 것은 아니겠지만, 이 이야기는 사람들이 어떤 일이 좋아서 열심히 하게 되는 이유에 대한 힌트를 주었다. 그것은 자신 안에 있는 두려움을 극복하는 과정에서 오는 희열 같은 것이며, 그 희열의 빛은 매우 강렬해서 결국 그쪽으로 삶 자체를 이끌고야 만다.

  이런 관점에서 보면, 사람이 가진 두려움의 종류가 모두 다를 것이기에 좋아지는 일도 서로 다를 가능성이 높다. 남들이 하는 게 멋있어 보여도 정작 자기가 해보면 아무런 느낌이 없는 경우가 많은데, 이는 어찌 보면 당연한 일이다.

Episode 30

나는야
로드 트립 중독자

Julia _ Is there anything right-seaters are supposed to do?

Tobey _ Be quiet.

줄리아 _ 운전 조수석에 앉은 사람이 해야 할 일이 뭔가요?

토비 _ 조용히 하는 것.

Need For Speed(2014)

지루한 운전 경험의 연속체인 미 대륙 자동차 횡단에 대한 로망을 가진 사람들은 많지만 실제로 떠나보면 '어 이거 생각하고 많이 다른데?' 하는 경우가 대부분일지도 모르겠다. 사람마다 다르겠지만 한 가지 분명한 사실은 직접 떠나보기 전에는 자신한테 맞는지, 아닌지 절대 알 수 없다는 점. 정말 궁금하면 직접 떠나봐야 한다.

물론, 나도 이번 로드 트립이 첫 경험은 아니다. 한 번이 두 번이 되고, 다시 서너 번이 되더니, 급기야 이렇게 장거리 여행까지 떠나게 된 걸 보면, 나는 자동차 로드 트립에 심각하게 중독된 것 같다. 대체 왜 이렇게 좋을까?

어떤 일을 진정으로 좋아하려면 일의 결과물에 대한 피상적 화려함이 아닌, 고통이 수반되기도 하는 일의 본질적인 과정을 즐길 수 있어야 한다. 마찬가지로 내가 자동차 로드 트립을 좋아하는 이유는 과정 중 가장 긴 비중을 차지하는, 지겹도록 운전하는 일 자체를 무척이나 즐기기 때문이다. 물론, 좋아하는 음악을 들으면서 새로운 길을 달리는 것도 재미있지만, 내가 보다 매력적으로 느끼는 장거리 운전의 묘미는 운전에 집중함과 동시에 주변 방해 없이 자기 생각에 몰입할 수 있는 환경에 있다. 낚시보다는 조금 더 흥분되고, 등산 보다는 덜 산만한 상태랄까. 물론, 러시아워 시간대에 복잡한 도심으로 접어들거나, 이리저리 꼬여 있는 인터체인지에서 집중하지 않으면 엉뚱한 도로로 진입하고 마는 그런 초긴장 상황은 해당사항 없는 이야기.

하지만 운전모드를 크루징 Cruising에 놓고, 엑셀레이터에서 자유로워진 발을 운전 시트 위에 편하게 양반 자세로 포갠 후 느슨하게 한 손으로 혹은 손가락 하나만으로 운전대를 놀려도 되는 기나긴 직선 구간을 달릴 때엔 바로 이 온전한 자기만의 사색의 시간을 만날 수 있다. 보통 이런 구간은 인적 없는 황무지 지역이라 전화, 인터넷도 되지 않는다. 게다가 시속 100킬로미터가 넘는 빠른 속도로 달리는 차량의 방향타를 잡고 있는, 동승자의 생명과 차량의 안전을 책임지는 선장으로서 주변의 웬만한 참견은 무시해도 되는 특권마저 있다. 그야말로 세상과 주변의 간섭으로부터 완전히 자유로울 수 있는 시간이다.

이 온전한 사색을 위한 시간은 조수석의 참여에 의해 완성된다. 오늘처럼 아주 오랜 시간 운전을 하는 날에는, 운전대를 잡지 않는 동안

현재 속도 연비 표시

반드시 숙면을 취해야 한다. 운전하는 사람 옆자리에서 자는 건 예의가 아니라는 말은, 장거리 로드 트립에서는 어느 개그 프로그램 유행어처럼 한마디로 '개똥같은 소리'다. 운전대를 넘기고 나서는 반드시 잠을 자야하고 당장 잠이 오지 않더라도 억지로 눈을 붙여야 하는 것이 성숙한 운전 파트너로서의 의무다. 그런 의미에서 장거리 로드 트립을 할 때 조수석에서의 숙면 또한 절대 방해 받아서는 안 되는 거룩한 의식이다.

다시 상상해 보자. 동행자는 옆에서 자고 있고, 전화는 불통이며 인터넷도 안 된다. 손은 운전대에 올라가 있고, 시선은 혹시 모르는 돌발적 위험에 대비해 전방에 고정되어 있다. 그나마 필요한 곁눈질이라고는 차량 계기판에 나오는 현재 속도 연비, 연료 잔량 표시 정도의 수치 체크와 GPS만으로도 작동되는 내비게이션 확인 정도인데, 이 내용들 또한 별로 변하지 않는다. 몇 십분 후, 다시 몇 시간 후에 봐도 내비게이션의 지시 사항은 오로지 '계속 직진'뿐.

항상 스마트폰을 만지작거리며 메시지 수신 상태를 수시로 체크하고, 어딜 가나 넘쳐나는 사람들과 나를 향해 득달같이 덤벼드는 차량들로 인해 상시 신경과민 상태로 살아오던 현대인들에게 갑자기 이런 온전한 사색의 시간이 주어진다면 아마도 반응은 둘 중 하나일 것이다. 엄청 심심해서 졸리거나, 아니면 마냥 행복해지거나. 당신은 어느 쪽일까?

Episode 31

순항을 만드는 건 계획이 아닌 여유

만약 당신이 아래 내용 중 하나라도 공감되는 상황이 있다면, 당신에게 자동차 로드 트립은 즐거운 경험이 될 가능성이 높다.

- 머릿속에 정리하고 싶은 나름 심오한 고민이 있는데, 깊이 생각해 볼 겨를이 없다.
  ex.) 인생이란 뭘까? 난 어떻게 살아야 할까? 난 왜 항상 연애에 실패할까?
- 새롭게 구상하고 있는 일이 있는데, 뭔가 창의적이면서도 깊은 생각을 펼칠 필요가 있다.
  ex.) 책을 쓰거나, 음악을 만드는 일, 새로운 사업을 구상하는 일.
- 정해진 일정 내에 꼭 암기해서 누군가 앞에서 발표해야 하는 내용이 있다.
  ex.) 프리젠테이션 스크립트, 사랑 고백 내용, 노래 가사 외우기 등 세상의 방해 없이 이런 생각에 깊이 몰입할 수 있는 시간을 가진다는 것은, 이에 대한 절실함이 큰 사람에게는 꽤나 행복한 일이다. 반대로, 멀리까지 와서 운전대를 잡고 있으면서도 두고 온 과제와 일상의 바쁜 현안들로 머릿속이 여전히 복잡하다면 로드 트립이 주는 이러한 축복은 전혀 누릴 수 없다. 쉽지 않겠지만, 그런 건 버리고 와야 한다.

　고민이나 생각, 혹은 암기해야 할 내용의 양이 많거나 난이도가 높을수록 더 많은 시간이 필요한데, 장거리 로드 트립의 묘미 중 하나가 오랜 기간 여행을 하면서 시간 개념 자체가 점점 희미해진다는 점이다. 더욱이 대륙 횡단 여행을 하다보면 1시간이 더 생기기도, 혹은 없어지기도 한다. 꼼꼼한 여행자들은 그런 시간까지 계산에 넣어 에누리 없는 일정을 잡기도 하지만, 사실 그러지 않는 편이 훨씬 더 재미있다. 어느 시점에서 글자 그대로 시간을 도둑맞은 느낌에 황당해지기도 하고, 반대로 1시간이 갑자기 생겨 갑자기 맘이 풍요롭고 여유로워지기도 한다. 이런 경험이야말로 광활한 대륙을 가로지르는 자동차 여행만이 줄 수 있는 독특하고 매력적인 체험인데, 왜 이런 재미난 순간을 굳이 피곤하게 머리 굴려가며 망치려 하는가.

　물론, 이 모든 즐거움의 전제는 느슨한 일정이다. 가는 곳마다 뭔가 해야 할 일을 잔뜩 만들어 놓거나, 수많은 여행서에 나오는 관광명소를 죄다 방문해 보려는 야심찬 계획들로 일정을 빽빽이 채운다면, 로드 트립의 백미인 자유로운 사색 여행의 참맛은 누리기 어렵다.

시간대가 바뀌다

애초에 그럴 거면 왜 자동차 여행을 떠나는가? 도시 간 이동 시간을 조금이라도 더

로키산맥을 넘는 길
파익스 피크 레인저

줄여서 관광에 쓸 수 있도록 비행기로 다니면 될 것을. 여행의 목적이 관광에만 있다면, 자동차 여행은 비추다. 로드 트립의 참맛은 목적지에서 만나는 외부의 자극보다는 이동하면서 겪는 내면과의 대화 속에 있기 때문이다.

로드 트립의 일정이 빡빡하면 좋지 않은 이유가 또 하나 있다. 계획대로 되지 않는 경우가 너무나도 많기 때문이다. 특히 처음 가보는 길이라면 더더욱 그렇다. 단순히 이동 시간에 영향을 주는 교통량이나 날씨 등의 이야기만은 아니다. 전혀 예상치 못한 변수는 항상 발생하고 계획은 틀어지기 십상이다. 하지만, 너무 실망하거나 속상해할 필요는 없다. 왜냐하면, 틀어진 계획은 항상 우리를 예상치 못한 또 다른 새로운 세계로 이끌기 때문이다.

덴버를 떠나 로키산맥을 넘기 전, 오전 일정으로 콜로라도스프링스의 파익스 피크 하이웨이 Pike's Peak Highway를 들렀다. 가파른 급커브와 도로 주변의 아찔한 절경 덕분에 자동차 영화 추적 장면의 단골 배경으로 유명해진 이곳은 전체 일정 중, 몇 개 안되는 '꼭 봐야할 곳'이었지만, 아침부터 짙게 내린 안개 때문에 코스 중턱에서 레인저에게 저지당하고 말았다.

정상은커녕 코스 상의 절경 근처에도 도달하지도 못한 채, 우린 안타까운 마음으로 되돌아 내려와야만 했다. 하지만 덕분에 3시간 정도의 여유가 생겼는데, 아쉬움도 달랠 겸 로키산맥을 넘는 경로를 원래의 최단 경로가 아닌, 보다 외진 험한 경로를 택하기로 했다. 그런데 그 도로 위에서 만나게 된 뜻밖의 절경들!

파익스 피크를 보지 못한 아쉬움에 시무룩해 있던 젊은 파트너도 다시 감탄사를 연발하는 해맑은 소년으로 돌아왔고, 나 역시 터져 나오는 감탄사를 주체할 수 없었다. 자동차도 잘 다니지 않는 이런 곳에, 이렇게 아름다운 풍경들이 있다니! 유명한 파익스 피크야 언제든 다시 찾아올 수도 있겠지만, 우연히 만난 이 이름 모를 장소들은 파익스 피크 중턱의 안개가 아니었더라면 평생 알지도 못하고 죽었을지도 모를 풍경들이 아닌가.

로드 트립의 일정은 새옹지마의 연속이다. 누구나 계획은 세우지만, 여정을 순항으로 만드는 것은 계획 자체의 치밀함보다는 계획을 망가뜨리는 변덕스런 바람과 같은 변수들에 의연하게 대처할 수 있는 여유와 유연함이다. 여유와 유연함을 가지려면, 자기 욕심과 착각부터 버려야 한다. 내가 세운 계획이 가장 완벽하다는 착각. 그럴 리가 있겠는가, 처음 가보는 길인데. 그 길을 수백 번 이상 달려본 사람들에겐 웃음밖에 안 나오는 이야기다.

우연히 만난 이름 모를 절경

파익스 피크 중턱의 안개

Episode 32

진정으로 떠나보지 않으면
깨닫기 힘든 것

Thelma_ I don't ever remember feeling this awake.
델마_ 내 평생 이렇게 깨어 있었던 기억이 없어.

Thelma & Louise(1991)

"선생님, 바로 이겁니다! 이제 죽어도 정말 여한이 없겠네."

행복한 소년의 감탄사가 절정에 달했다. 기이한 형상의 거대 암석들이 즐비하게 늘어져 있는 아치스 국립공원 Arches National Park. 지구상에 이런 풍경이 있다는 걸 여태 모르고 살았다는 게 한심하게 느껴질 정도다. 도대체 얼마나 오랜 기간의 풍화작용으로 생성된 건지, 왜 하필 이곳에 집중되어 이런 현상이 일어났는지 짐작조차 하기 어렵다. 아니 굳이 알려고 할 필요가 있을까? 그저 영겁의 자연이 빚은 거대한 작품 앞에 선 인간이 얼마나 찰나 속의 미미한 존재인가를 두 눈으로 직접 보고, 깨닫고 가는 것만으로도 충분하다.

넋을 잃은 채 일곱 시간이 넘도록 공원 안의 여러 하이킹 코스를 돌아다니고도 여전히 아쉬운 마음이 남았다. 그래서 공원 외곽 도로를 자동차로 돌며 못다 본 지형들을 감상했는데, 어떤 풍경 앞에서 문득 예전에 보았던 영화가 하나 떠올랐다. 숙소로 돌아온 다음 혹시나 하는 마음에 인터넷 검색을 해 보았는데, 역시나!

바로 영화 〈델마와 루이스〉의 그 유명한 마지막 추격 장면 촬영지가 바로 이 지역이었던 것이다.* 20년 전에 봤는데도 아직까지도 생생한, 당시 무척 충격적으로 느꼈던 영화 속 촬영지에 내가 와 있다니. 반가운 마음에 마을까지 차를 몰고 나가 DVD를 빌려 모텔에서 다시 한 번 감상해 보았다.

많은 창작물들이 그렇듯 영화도 아는 만큼 보이게 마련이다. 대사 하나하나 플롯의 곳곳에 작가의 연륜과 경험에서 우러나는 속 깊은 고민들이 잔뜩 묻어 있기 때문인데, 젊었을 때는 자극적인 소재와 장면들에 가려 잘 보이지 않던 메시지

★ 수잔 서랜든, 지나 데이비스 주연의 로드 트립을 주제로 한 영화. 영화에서는 마지막 추격 신에 나오는 자동차가 골짜기로 뛰어드는 장면이 그랜드캐니언으로 설정되어 있지만, 실제 촬영은 유타 주, 아치스 국립공원으로부터 20마일 정도 떨어져 있는 'Dead Horese Point State Park'에서 이루어졌다.

들이 나이 들어 다시 보면 '아, 이게 이런 의미였구나' 하고 확 와 닿는 경우가 많다. 얼떨결에 알게 된 촬영지에서 20년 만에 다시 본 〈델마와 루이스〉도 그랬다. 당대 최고의 연기파 여배우 지나 데이비스 Gina Davis와 수잔 서랜든 Susan Sarandon이 함께 출연해 화제가 된 페미니즘 영화 정도로 기억했던 이 영화, 이제 와서 다시 보니 온통 '돌아오지 않는 로드 트립' 이야기 그 자체였다.

처음엔 그러려고 떠난 게 아니었다. 녹녹치 않은 삶에 답답해하던 두 여자가 현실에서 잠시 벗어나고자 며칠 일정의 평범한 자동차 여행을 떠났을 뿐이다. 하지만, 하나의 예기치 않은 사건으로 인해 이들은 돌이킬 수 없는 짓을 저지르고, 그때부터 그들의 여정은 '돌아오지 않는 로드 트립'이 된다.

잘생긴 히치하이커브래드 피트 Brad Pitt 분를 만나 사랑도 나누고, 그에게 배운 강도질로 식료품점을 털기도 하고, 자신을 희롱하는 운전사의 트럭을 폭발시켜 버리기도 하면서 그들의 여정은 점차 파국으로 치닫는다. 결국 경찰과 FBI의 추적을 받아 벼랑 끝에 몰리게 되고, 그들은 함께 손을 잡은 채 자동차를 그랜드캐년 아래로 돌진시켜 동반 자살하고 만다. 비극인가? 주인공이 다 죽으니까 비극이겠다. 하지만, 지금 보니 꼭 그렇지만도 않다. 이런 의문을 갖게 만든 결정적인 한 줄의 대사.

"내 평생 이렇게 깨어 있었던 기억이 없어."

영화의 마지막에 이르러 그들이 두려워한 건 단순히 물리적인 감옥만이 아니었다. 진정 그들이 거부한 것은 또다시 깨어 있지 못한 상태로 돌아가는 '현실'이라는 감옥이었을 것이다. 그 어느 때보다 깨어 있는 삶을 한 번 맛본 이상 돌아갈 수도, 돌아가고 싶지도 않은 그들에게 남은 선택은 '완전한 떠남'뿐이었다. 서로에게 설명할 필요도 없었다. 이미 서로의 그런 마음을 알고 있던 터라, 그들은 그저 웃으며 함께 손잡고 완전히 떠난 것뿐이다. 그들이 만일 다시 원래의 삶으로 돌아와 감옥과도 같은 현실을 계속 살았다면 그게 해피엔딩일까?

깨어 있지 못한 삶을 계속 사는 것과, 깨어 있는 상태에서 죽는 것. 어느 쪽이 더 비극일까? 돌아가느냐 마느냐를 결정하는 건 각자의 몫이겠지만 떠나보지 않고서는 선택의 여지조차 없다. 애초에 '깨어 있다는 느낌' 자체가 뭔지를 알지 못하는데 어떻게 선택을 할 수 있단 말인가. 그 느낌은 떠나 봐야지만 비로소 알 수 있다. 영화 속 주인공들이 점점 돌이킬 수 없는 상황으로 빠져들면서 더욱 더 깨어 있음을 느끼게 된 것처럼, 어쩌면 돌아갈 여지를 두지 않고 떠날수록 진정으로 깨어 있는 느낌이 뭔지 깨닫게 될 가능성이 더 클 지도 모를 일이다.

Episode 33

갈 데까지 가보다

Tris_ We've left everything behind. But we found ourselves, and each other. Tomorrow we may have to fight again, but for now we'll ride the train to the end of the line. And then… we'll jump.

트리스_ 모든 걸 버리고 떠났지만, 진정한 우리 자신과 서로를 만났다. 내일은 다시 싸워야 하겠지만, 일단 지금은 철길 끝을 향해 달리고 있다. 그곳에서 우린… 뛰어내릴 것이다.

Divergent(2014)

와이오밍 주 간판

잭슨 시티 전경

"4월 중순인데 왜 문을 안 여는 걸까요? 눈도 다 녹았을 텐데. 혹시 열었을 지도 모르니 한 번 가보면 안 될까요?"

와이오밍 Wyoming 주 경계 통과 후 곧바로 나타난 잭슨 Jacskon 마을. 이곳을 돌아보는 내내 문 닫힌 옐로스톤 국립공원 Yellow Stone National Park을, 그래도 한 번 가보자며 파트너가 노래를 부른다. 사실 이번 여정에서 옐로스톤 Yellow Stone은 애초에 살짝 빗겨나 있었다. 공원 오픈 시즌은 5월~10월인데 로드 트립 일정은 3월~4월, 두 달이었던 것. 이를 미처 몰랐던 소년은 공원 근처에 와서야 그 사실을 알고 엄청난 아쉬움에 어쩔 줄 몰라 했다.

그렇게 가보고 싶었다면 어떻게 사전에 정보 확인도 제대로 안 해봤냐며 핀잔을 주고 싶은 마음도 들지만, 그보다 이 친구의 안타까워하는 마음이 더 크게 와 닿는다. 로드 트립을 떠난 이유가 나에겐 '음악'인 것처럼, 그에겐 '국립공원'이 아니던가. 그가 아치스 국립공원에서 그토록 행복해 했던 이유도, 나와의 로드 트립 그다음 일정이 캐나디안 로키산맥공원인 이유도 다 그 때문이다.

　꼭 가보고 싶은 곳, 꼭 해보고 싶은 것이 있는 사람들이 있다. 그게 뭔지는 사람마다 다르지만, 어떤 끌림은 너무 강렬해서 마치 '우주의 부름'처럼 그 사람을 결국 그곳으로 이끌고야 만다. 그런 끌림에 사로잡힌 이들은 말려봤자 소용없다. 언젠간 가게 되어 있고, 기필코 해 보게 되어 있다. 그런 이들에게 실패나 실망보다 더욱 두려운 건, 결국 가보지 못하고 궁금한 채로 죽는 것이기 때문이다.

첫 번째 파트너는 그것이 '골프'였다. 들고 온 짐 중 절반이 골프 장비와 옷가지였을 정도. 평소부터 미국을 자동차로 횡단하며 여러 주에 있는 골프장을 순회해 보고 싶다는

골프를 사랑한 첫 번째 파트너
햇살 가득한 그랜드티턴 국립공원

생각이 그를 강하게 사로잡고 있었기 때문에 그럴 수 있는 기회가 왔을 때 일말의 망설임도 없이 떠날 수 있었던 것이다.

덕분에, 올랜도의 한 호텔방에서 비오는 새벽부터 홀로 라운딩을 떠난 파트너를 하염없이 기다리기도 하고, 함께 눈 덮인 뉴저지 주의 한 골프장에서 2시간이 넘도록 질퍽질퍽 곡괭이질을 해대기도 했지만, 모두가 이번 여행에 꼭 일어나야만 했던 사건들이었다. 나의 꿈과 소망이 중요한 만큼, 파트너의 꿈도 똑같이 존중하며 성원하는 것, 그것이 내가 생각하는 파트너십의 핵심이기 때문이다. 결혼도 비즈니스도 크게 다르지 않다.

결국 두 번째 파트너의 원대로, 갈 수 있을 때까지 차를 몰고 공원으로 들어가 보기로 했다. 옐로스톤의 관문 격인 그랜드티턴 국립공원 Grand Teton National Park 으로 들어서니 짙은 구름과 안개, 그 사이로 비치는 햇살들이 뒤섞인 묘한 풍경들이 우리를 맞는다. 아랑곳하지 않고 북쪽으로 더 들어가니 그나마 간간이 보였던 주변 차들도 서서히 자취를 감추고, 홀로된 길 양편으로 범상치 않은 모양새의 나무들이 등장하더니, 그 주변의 땅을 덮은 눈의 면적이 점점 더 넓어지기 시작했다.

마침내 공원의 남쪽 톨게이트에 도착했다. 차단기가 마치 우리를 더 깊은 곳으로 유혹하듯 검수원도 없이 활짝 열려 있다. 당연히 여기서 멈출 수 없다. 이젠 뭔가 금단의 지역으로 들어가는 묘한 쾌감마저 느껴지기 시작한다. 점차 더 기이해지는 주변 풍경들. 산불이 난 걸까, 검게 그을린 앙상한 잿빛 나무들이 즐비하게 나오고, 눈밭 사이로 간간히 등장하는 호수에서는 모락모락 김이 피어오르기도 한다. 왠지 이 세상의 도로가 아닌 듯한 느낌에, 어울리지 않는 지구 음악이 흘러나오는 라디오마저 꺼버렸다. 그렇게 우리는 다른 별 어디엔가 있을 법한 도로 위에서, 언제 나올지 모르는 그 길의 끝으로 홀로 달려가고 있었다.

결국, 우리는 길을 통째로 가로막고 있는 눈더미와 그 앞에 무심하게 덜렁 놓여 있는 바리케이트를 만나고 말았다. 아쉬운 마음을 달래려고 이런저런 사진을 찍어 보는 소년의 안타까움 서린 표정은 이렇게 말하고 있었다.

'아, 힘들게 여기까지 왔는데. 다시 올 수 있으려나.'

하지만, 나는 그의 표정을 보면서 확신하였다. 분명 그가 언젠가 여기 다시 오게 될 거라는 것을. 위로나 격려 따위는 필요 없었다. 지금의 아쉬움도, 그만큼 앞으로 더 커지게 될 그리움도 다 그의 몫이다. 그것이 크면 클수록 더 빨리 다시 이곳으로 오게 될지도 모르니, 그 운명의 부름을 방해해선 안 될 일이다. 그래도, 뭔가 확인해 보고 싶은 욕심을 못 이겨 나오는 길에 슬쩍 한 마디 던졌다.

"혹시 다음에 다시 여기 오게 되면 사진이나 하나 보내줘."

소년, 역시나 아쉬움이 너무 큰지 창밖을 바라본 채 대답이 없다.

계획에 없던 60마일을 왕복으로 달리느라 오늘 넘으려 했던 산악 국도 구간을 내일로 미룬 채, 다시 잭슨 마을로 돌아와 모텔을 잡았다. 어쨌거나 소년의 바람을 들어줬다는 뿌듯함에 편한 맘으로 잠자리에 들었지만, 그 대가는 그날 밤 산간 마을로 찾아든 눈보라만큼이나 매섭고 혹독했다.

적막한 도로
갈 데까지 가보다

Yellowstone, Wyoming
~Los Angeles, California
Route 5

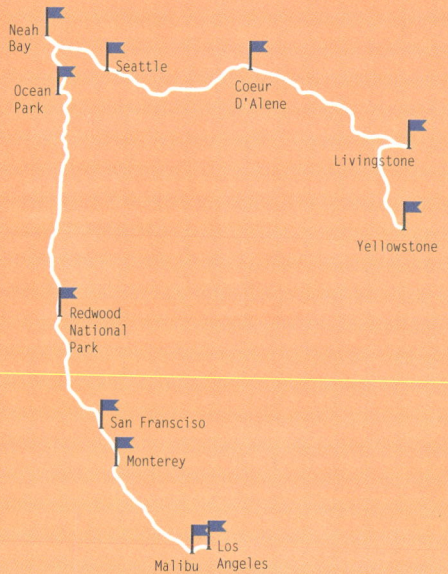

Episode 34

하이웨이
투 헬

도로 통제 경고판

"뭐지? 돌아가라는 건가?"

닫혔음. 경고등 점멸 시 잭슨으로 돌아가시오.

이미 눈으로 덮이기 시작한 언덕길을 오르기 직전, 길 우측에 경고판 같은 것이 보인다. 뭐지? 길이 막혔다는 건가? 행여나 놓친 메시지가 있을까 해서 사진까지 찍어 다시 보았지만 길이 통제되었다는 건지 아니라는 건지 여전히 헷갈린다. 어쨌든 경고등은 분명히 점멸하지 않았기에 이 표지판을 믿고 가보는 수밖에 없다. 사실 돌아가 봤자 별 다른 수가 없다. 하루 기다린다고 날씨나 도로 사정이 좋아진다는 보장도 없다. '아, 어제 넘어갔어야 하는 건가' 후회가 잠시 스쳤지만 점점 굵어지는 눈발과 짙어져 가는 안개, 그리고 이에 따라 점점 커지는 불안감과의 싸움에 집중하느라 이내 잊혀졌다.

과연 잘 넘어갈 수 있을까? 길은 점점 눈으로 덮여 이제는 어디가 길인지 구분도 안 된다. 아예 자신의 차를 버린 듯 히치하이커들이 길 주변에 하나 둘씩 나타나기 시작한다. 하지만 짐으로 가득한 차안엔 빈자리도 없고, 그보다 내가 죽겠는데 남 챙길 여유가 없다. 미안하다는 어깨짓으로 또 한 무리를 지나치려는데, 그들을 잘 보니 뭐가 좋은지 자기들끼리 떠들면서 웃고 있다. 그때 깨달았다. 진짜 곤경에 처한 쪽은 차를 버리고 이동할 수 있는 여유를 가진 그들이 아닌, 이런 날씨에도 차를 끌고 언덕을 넘어야만 하는 우리라는 것을. 그래, 남 걱정할 때가 아니다. 정신 바짝 차리고 내 문제에나 집중하자!

결국 표지판에 대한 믿음은 보상을 받아 언덕을 무사히 넘긴 했다. 하지만, 눈 속에서 하루 종일 거북이 운전으로 달린 거리는 고작 200마일 320km. 오후 늦게부터 눈은 잦아들었지만 날이 이미 어두워졌기에 어쩔 수 없이 몬태나 Montana 주의 리빙스턴 Livingstone이라는 작은 마을에 여정을 풀었다. 궂은 날씨에 비수기까지 겹쳐 한산한 모텔, 그리고 값싼 기름 값이 그나마 위안이 된다. 하루 종일 초긴장 상태로 운전한 탓에 녹초가 된 사람도, 눈과 소금덩이 범벅으로 만신창이가 된 차량도 모두 재충전이 필요한 상황.

비상금은 이럴 때 쓰라고 있는 법. 파트너와 자동차, 그리고 나 자신의 허기를 채우기 위해 이번만큼은 더치페이 원칙을 무시하고 스테이크와 기름을 내 돈으로

눈보라 속의 도로
눈길의 히치하이커

맘껏 쏘았다. 피곤한 몸에 배까지 차게 되자 졸음을 견딜 수가 없었다. 숙소로 들어가 곧바로 시체가 되어 골아 떨어졌다.

다음날 아침, 눈을 뜨자마자 벌떡 일어나 기도하는 마음으로 창문 커튼을 열어 젖혔다. 나도 모르게 욕이 거의 입 밖까지 튀어나왔다. 어제 저녁까지만 해도 거의 그치다시피 했던 눈이 다시 폭설이 되어 내리고 있는 게 아닌가. 1분 1초의 시간도 지체할 수 없었다. 우린 황급히 짐을 챙겨 모텔을 떠났다. 제발 길이 열려 있기만을 바라며. 이런 경우를 대비해 마련해두었던 예비 일정 이틀도 모두 소진해 버렸고, 더 이상의 지체로 인한 일정 차질의 엄청난 연쇄 반응은 생각조차 하기 싫었다. 머릿속엔 오로지 눈길을 뚫고 로키산맥을 넘고야 말겠다는 일념뿐이었다.

길 상태는 점입가경이었다. 이제는 바람까지 세차게 불기 시작하면서, 길이 점차 하드록 밴드 AC/DC의 'Highway to Hell' 뮤직비디오에 나올 것만 같은 무시무시한 모습으로 변해 갔다. 두려움은 점점 커져가고, 나는 불과 30분 전에 길이 열려 있기만 빌었던 바람과 정반대 내용의 말을 주문처럼 읊조리고 있었다.

"아. 대체 왜 다시 마을로 돌아가라는 사인이 안 나오는 거야."

아침에 했던 기도가 이미 접수된 걸까. 아무리 달려도 돌아가라는 사인이나 점멸 시그널은 보이지 않았다. 우리는 마치 마법의 주문에 걸린 듯, 눈보라 속에 온통 하얗게 변한 도로 저편 끝에서 차량을 통째로 삼킬 듯 끌어당기는 한 점 블랙홀 속으로 한없이 빨려 들어가고 있었다.

No stop signs, speed limit
Nobody's gonna slow us down
Like a wheel gonna spin it
Nobody's gonna mess me round.
I'm on the Highway to Hell~ Highway to Hell!

정지 사인도, 속도 제한도 없어
누구도 우리를 늦추지 못해
그저 바퀴를 따라 계속 돌아가지
아무도 나를 건들지 못해
지옥으로 향하는 고속도로 위를 달리네

AC/DC
Highway to Hell
Highway to Hell / 1979

Episode 35

눈보라는
죄가 없다

갑자기 거짓말처럼 눈이 순간적으로 멈추더니, 눈 덮인 길가에 아이다호 Idaho 주의 웰컴 간판이 떡하니 나타났다. 40여 일을 달리는 동안 주 경계선의 전후 풍경과 도로 사정이 급변하는 경우를 몇 번이나 봐왔지만, 이렇게 드라마틱한 변화는 처음이다. 마치 SF

아이다호 주 간판

영화에서 다른 별로 이동할 때 통과하는 웜홀 wormhole을 빠져나온 듯, 도저히 그칠 기미를 보이지 않던 눈보라가 순식간에 자취를 감추며 길도 오르막에서 내리막으로 바뀌었다. 주 경계를 지나, 미끄러운 길을 따라 조심스레 내려가자 짙은 구

름이 조금씩 흩어지며 그 사이로 반가운 파란 하늘이 보이기 시작했다.

사람 마음이란 게 참 간사하다. 눈보라를 벗어나 조금이라도 더 빨리 서해안까지 도달하고 싶던 마음이, 막상 날씨가 좋아지니 다시 여유로워진다. 게다가 며칠 동안 눈길 위를 달린 긴장감이 풀어지며 피로도 엄습해 온다.

때마침 나타난 '50마일 후 쾨르드알렌 Coeur D'Alene' 간판. 인터넷을 찾아보니 예쁜 호텔들과 요트 이미지가 쭉 뜨는 게 산정 호수가 있는 휴양 도시인 듯하다. 날씨도, 타이밍도 모든 것이 이 도시에서 쉬어가라고 이야기하는 듯하여, 오른쪽 깜빡이를 켜고 고속도로를 빠져 나왔다. 인터체인지를 벗어난 지 5분도 되지 않아, 이젠 거의 다 갠 푸른 하늘 아래에 그만큼이나 푸르고 고요한 호수의 모습이 길 저편으로 보이기 시작했다.

어떻게 이런 고지대에 이렇게 넓은 호수와 잘 꾸며진 예쁜 휴양지가 있을까. 갑자기 활짝 갠 날씨만큼이나 들뜬 기분에 모텔을 잡기가 무섭게 피곤함도 잊고 호숫가까지 차를 몰고 나갔다.

　새파란 하늘, 낮게 깔려 있는 옅은 구름들. 그리고 고요한 호수 위로 반사되어 부서지는 눈부신 햇살까지, 모든 것이 영화의 한 장면처럼 완벽하다. 두려움에 떨며 눈보라 속에서 로키산맥을 넘던 게 불과 30분 전인데, 이토록 아름다운 호수 위의 석양을 만나게 될 줄이야. 만인에게 공평한 날씨의 섭리가 오늘만큼은 우리를 위한 완벽한 연출처럼 느껴졌다. 아침에는 원망하고 저녁에는 감사하고 있는 나. 다시 한 번, 사람 마음이라는 게 이렇게 간사할 수 없다.

　다음날 아침 TV 일기예보를 보고 눈이 휘둥그레졌다. 지난 며칠 동안 그토록 우리를 괴롭혔던 눈보라가 어느새 로키산맥을 넘어 덴버 Denver까지 도달, 그곳에 눈 폭탄을 퍼부었다는 뉴스였다. 이로 인해 도시 안팎 도로가 완전히 통제되었고, 도시는 거의 고립상태가 되었다고 한다. 여행이 끝난 후에 다시 확인해 보니, 도시가 정상화되는 데만 일주일이 걸렸고, 특히 로키산맥을 넘는 산악 국도는 내가 LA로 다시 귀환할 때까지 계속 통제 상태였다.

　불과 일주일 전에 머물렀던 도시가 덴버였다. 만약, 내가 여행을 일주일만 늦게 시작했다면 로키산맥을 넘는 건 고사하고, 그곳에서 꼼짝달싹 못한 채 일주일을 보냈을 것이다. 눈보라 때문에 하루 이틀 늦어졌다고 투덜대던 내 자신의 후회와 원망이 다시 부끄러워졌다.

한 사람의 행운이 누군가에게는 불행이니, 분명 감사할 일만은 아니다. 눈보라는 누구에게나 공평하게 몰아치고, 언제 어디서 시작될지, 어디에 얼마나 머무를지 아무도 미리 알 수 없다. 여정을 계획할 때 염두에 두어야 할 결정적인 변수였지만 나는 계산에 넣지 못했다. 아니 넣을 생각조차 하지 못했다. 사실, 이런 자연적인 변수는 사람의 힘으로 어떻게 할 수 없는 경우가 많다. 그것이 인간이 세울 수 있는 치밀한 계획의 한계다.

로드 트립을 순조롭게 이끌어가는 것은 계획이 아니라는 걸 다시 한 번 깨닫는다. 그보다 훨씬 더 중요한 점은, 위기가 닥쳤을 때 상황에 휘둘리지 않고 주변에 일어나는 시그널에 집중하며 차분히 대응할 수 있는 평정심을 유지하는 것이다. 죄 없는 눈보라를 멎게 해달라고 빌기보다는 이런 마음을 가질 수 있는 힘을 달라는 기도가 더 적절할지도 모른다. 외부 조건을 바꾸는 것보다 자기 자신의 감정부터 바로 잡는 것이 문제 해결의 첫 단추다.

다들 그렇게 알고 살아왔을 텐데, 이제야 깨달았다고 난리치는 나도 참 웃기다. 이거 하나 깨닫기 위해 참 멀리까지도 달려왔다.

Episode 36

호기심이 길을 만든다

Cheryl_ *Life is about courage and
going into the unknown.*
세릴_ 인생, 그것은 용기를 내서 미지의 세계로
떠나는 것이다.

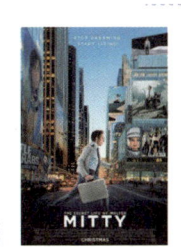

The secret life of Walter Mitty(2013)

　모르는 길을 마음껏 달릴 수 있다는 것은 수많은 사람들의 노력으로 누릴 수 있는 축복이다. 저편 너머에 뭔가가 있을 거란 믿음을 가진 이가 용기를 내어 개척한

누군가가 닦은 길을 달리는 행복

흔적이 처음으로 길이 되고, 그 흔적을 믿고 따른 많은 사람들이 길을 다진다. 통행량이 많아지면 누군가가 그 길을 더 편하게 만들고, 다시 누군가는 그 길을 찾아오고 싶어 하는 사람들을 위해 지도상에 정보를 표시하고. 일일이 나열하자면 끝도 없는 수많은 '누군가'의 신념과 도움으로 처음 보는 길을 이렇게 마음 놓고 달릴 수 있는 것이다.

한편, 내가 그 길을 달리고 싶은 이유도 그만큼 다양하고 수많은 경험들이 복잡하게 얽혀 있다. 내가 듣고 본 음악과 영화, 이곳에서 나를 부른 친구들, 회사 업무차 오게 된 출장들까지. 곰곰이 생각해보면 그것 또한 나의 의지와 노력만으로 얻게 된 경험들이 아니다. 이들 중 한 가지라도 빠졌더라면, 이런 무지막지한 자동차 여행을 떠날 생각을 하게 되었을까? 생각을 실행으로 옮긴 결심과 의지 정도가 나만의 것이라 할 수 있을지 모르지만, 이 또한 그렇지 않다. 그 결심과 의지가 꺾이지 않고 실행으로 이어질 수 있도록 해준 수많은 도움과 여건들이 있었으니 말이다. 세상에 의지만으로 되지 않는 일들도 얼마나 많은가.

하지만, 달리고 싶은 욕망이 있고 달릴 수 있는 길이 있고 여건도 충분히 만들 수 있는데, 여전히 실행에 옮기지 못하는 경우도 꽤 많다. 다른 조건들이 내가 어찌할 수 없는 주어진 환경이라면, 결국 길을 떠나게 만드는 결정적인 요인은 본인의 의지와 결심이다.

일단 한 번 길을 떠나게 되면 결심하고 실행에 옮기는 일은 점점 더 쉬워진다. 그러면서 깨닫게 된다. 내가 새로운 길을 떠나지 못했던 이유는 외부 조건이 아닌 내 안의 두려움이었다는 것을. 뭔가 부러운 일을 하는 사람을 만나도 '그 사람은 대단하니까, 여건이 되니까, 재능이 있으니까, 하지만 난 평범하고 여건도 안 되니 어쩔 수 없어.'라고 치부하며 만든 두려움의 벽 뒤에 숨어왔다는 것을. 하지만 세상에 대단한 사람은 없다. 대단한 '결심과 실행'만이 있을 뿐이고, 그건 누구나 할 수 있다. 사람은 다 같은 사람이니까.

또다시 모르는 길을 달려보기로 결정한 후, 시애틀 외곽 호텔 방에 앉아 다시 '무언가'에 이끌려 새로운 경로를 그려 대기 시작했다. 이번에 나를 이끄는 무언가는 바로 사춘기 시절, TV로 보았던 〈사관과 신사〉라는 영화다.

남자 주연 배우가 '리차드 기어 Richard Gere'이며, 신분 차이를 극복한 사랑 이야기라는 점 등에서 1990년에 개봉되어 크게 히트한 〈귀여운 여인〉과 닮은꼴인 〈사관과 신사〉는 바로 이곳 워싱턴 Washington 주 서북단에 거대하게 자리 잡고 있는 올림픽 페닌슐라 Olympic peninsula 곳곳에서 촬영 되었다.*

★ 한 해군 사관생도가 장교가 되는 과정에서 겪는 사랑과 우정을 그린 〈사관과 신사〉의 영화 속 배경은, 플로리다 주에 위치한 미 해군 사관학교지만 당국의 촬영 불허 방침으로 인해 실제 촬영은 워싱턴 주 올림픽 페닌슐라에 위치한 포트 타운센트 Port Townsend의 해군기지 주변에서 이루어졌다.

올림픽 페닌슐라 주변 해안 풍경

시애틀에서 남서쪽으로 빠져나와 반도를 감아 도는 101번 도로를 계속 달려 들어갔다. 영화 속 사관생도들의 야외 훈련 장면에 나오는 인적 드문 수풀과 해변 여기 저기 널린 바위 풍경이 보인다. 그래, 바로 이런 느낌이었다. 한적하고 사람의 손이 타지 않은 거친 해변의 느낌. 차창 밖으로 지나치는 영화 속 풍경들을 바라보며 영화보다 더 유명한 주제가 'Up Where We Belong'을 틀었다.

Who knows what tomorrow brings
In a world few hearts survive
All I know is the way I feel
When it's real, I keep it alive

The road is long
There are mountains in our way
But we climb a step every day
Love lift us up where we belong

내일 일을 누가 알까
살아남기도 힘든 이 세상
내가 아는 건 오직 내가 느끼는 것
그 느낌 간직하고파

길은 멀고 태산이 가로막지만
그저 우리는 하루에 한걸음씩 걸어 오를 뿐
우리를 높은 곳으로 이끄는 건 사랑

Joe Cocker & Jennifer Warnes
'An Officer and a Gentleman' Original Soundtrack
Up Where We Belong / 1982

바다 건너편으로 어렴풋하게 보이는 캐나다 밴쿠버 지역의 풍경을 바라보며 해변 도로를 따라 서쪽으로 계속 달려, 반도의 대부분을 차지하고 있는 미국 최대의 국유림, 올림픽 국립공원 Olympic National Park의 외곽 도로가 남회하는 지점에 도달했다. 여기가 미 대륙의 가장 서북쪽 끝이라 생각했는데, 막상 가보니 서쪽으로 더 깊이 들어갈 수 있는 조그만 국도가 보인다. 갈림길에서 차를 세웠다.

'이 길 끝엔 뭐가 있을까?'

좁고 불편해 보이는 길이었지만, 어쩔 수 없는 궁금증이 또다시 모락모락 피어난다. 건너편에 뭔가 있기 때문에 길이 있는 것 아니겠는가. 잠시 고민한 끝에, 그냥 그 길을 믿고서 핸들을 우측으로 꺾고 액셀레이터를 밟았다.

Episode 37

서북단을 찍고
다시 캘리포니아로

또다시 끝까지 달리고 말았다. 상태가 불량한 아스팔트가 흙으로 바뀌고, 결국 막다른 곳의 'Dead End' 표지판에 이르러서야 호기심이 접히며 다시 돌아 나올 생각이 들었다. 길 너머에서 만난 것은 거의 버려지다시피 한 인디언 보호구역 마을. 해안선에 바짝 붙어 나 있는 진입로 주변 풍경은 아름답고 신비로웠지만, 그 도로의 끝은 떳떳하지 못한 미국 역사의 흔적이 고스란히 남아 있는 쓸쓸한 모습이었다.

외진 길을 오래 달려 들어오느라 한참 늦은 오후가 되었지만, 인적도 없는 이런 마을에 모텔이 있을 것 같지 않았다. 다행히 태양의 고도는 아직 넉넉했다. 잠시도 지체할 수 없다는 생각에 서둘러 마을을 빠져나와 101번 도로까지 되돌아 나왔다.

분기점에 도달해 남쪽으로 뻗은 도로를 보니 앞으로 달릴 길에 대한 기대감이 다시 샘솟는다. 지금부터가 이번 여정의 백미, 미국 서부 해안도로의 시작이다. 여기서 시작해 LA 서쪽 산타 모니카까지 총 길이 1,400마일약 2,300㎞에 이르는 웨스트 코스트 라인. 이 도로를 달리기 위해 미 대륙을 돌고 돌아 여기까지 온 것 아닌가.

그리고 이제 출발이다.

열심히 달려 해변에서 석조를 맞이할 수 있는 타이밍을 맞추었다. 도로 바로 옆에 펼쳐진 드넓은 백사장, 태평양 전체를 물들일 기세로 불타오르는 석양. 이런 장관을 볼 수 있는 기회가 이번 여정 속에서 며칠 남지 않았다는 아쉬움에 차에 다시 올라타기가 어려울 정도였다.

그 눈부신 찰나의 기억도 져버린 태양과 함께 점점 희미해져 가며 야간 운전이 시작되었다. 누린 만큼의 대가는 불현듯 찾아드는 법. 다시 시작되는 새로운 긴장감. 여전히 나는 미지의 길을 달리고 있다. 게다가 오른쪽이 절벽인 해안도로 바깥 차선을 깜깜한 상태에서 달려야 한다. 헤드라이트에 반사되는 중앙 차선만이 내가 무사히 길 위를 달리고 있다는 걸 알려줄 뿐 주변은 온통 칠흑 같은 어둠으로 뒤덮여 있었지만, 살벌한 눈보라 속 로키산맥도 통과한 경험 탓일까, 마음만은 평온했다.

미국 서북단 도로의 끝

인디언 마을 풍경

미국 서부 해안의 석양

워싱턴 주 남쪽에 있는 휴양지 오션 파크 Ocean Park에서 하룻밤을 보낸 후, 다음 날 아침 오리건 Oregon 주로 접어들었다. 주 경계를 형성하고 있는 아스토리아 메글러 브리지 Astoria Megler Bridge를 넘으니 세찬 비가 내려치기 시작했다. 시애틀만큼이나 비가 많기로 유명한 오리건 주의 날씨 신고식이 제대로다.

다음날이 되어도 비는 여전히 멈추지 않았다. 빗속의 해안 도로 풍경도 나름대로 운치는 있지만 그래도 쨍한 캘리포니아 날씨가 그립다. 조금만 더 달려가면 그곳에 도착할 수 있다는 생각에 미끄러운 빗길에도 속력을 늦출 수 없었다. 차창 앞으로 부딪혀 맺힌 빗방울들이 질주하는 자동차 지붕을 향해 서로 경주하듯 역주행한다.

이른 오후 캘리포니아 주 경계 근처로 진입했다. 역시나 실망시키지 않는 날씨. 여지없이 개기 시작하는 하늘 아래 낯익은 주 경계 간판 '웰컴 투 캘리포니아'가 등장한다. LA를 동쪽으로 떠나 26개 주를 거치며 미국을 한 바퀴 돈 후, 44일 만에 다시 캘리포니아 주 북쪽으로 들어오는 순간. 왠지 반가워서 눈물이 날 지경이었다.

아직 LA로 돌아가려면 일주일이 더 남았지만, 캘리포니아 주 간판을 보는 것만으로도 왠지 마음이 푸근해졌다. 참 웃긴다. 살게 된 지 3년도 안 되었고 떠난 지 두 달도 안 되었는데 이렇게 고향으로 돌아온 것 같은 느낌이 들다니. 떠나 봐야 비로소 소중함도 알고 그리움도 생긴다더니, 짧은 기간 떠남을 통해 내 마음 속에 그리운 고향이 또 하나 생겼나 보다.

무사 귀환에 대한 감사와 주체할 수 없는 반가운 마음에 차를 세우고 간판 밑으로 뛰어갔다. 그리고 간판을 가리키며 유명한 '존 트라볼타 John Travolta 디스코 포즈'를 취했다. 소중한 순간을 남기는 데에 있어 쑥스러움은 부질없는 감정이다.

오리건 주로 진입하는 다리
오리건 주의 날씨 신고식
오리건 주 식당의 거대한 대게 홍보상
캘리포니아 진입 간판

"Hey, It's my home state!"

Episode 38

내 눈에는 거대한 콘서트 장, 레드우드

    캘리포니아 주 문전에서 우리를 반기는 것은 지구에서 가장 오래된 거목들이 모여 있다는 거대 삼림지역, 레드우드 국립공원 Redwood National Park이었다. 본연의 푸른 모습을 되찾은 캘리포니아의 하늘도 여유롭게 즐길 겸, 공원 주차장에 차를 잠시 버려두고 숲속 산책로를 걸었다.

    함께 온 파트너는 얼굴 가득 신나는 표정으로 숲속을 뛰어 다니며 커다란 나무들 사이에서 다양한 포즈를 잡는다. 마냥 행복해 하는 모습에 나도 덩달아 기분 좋게 사진을 찍어 주었지만, 사실 내가 행복한 이유는 따로 있었다. 어릴 적부터 너무

나도 좋아하던 팝 가수 '케니 로긴스 Kenny Loggins'의 유명한 야외 콘서트 앨범이 녹음된 장소가 바로 레드우드 국립공원이기 때문이다. 실제 콘서트가 열린 장소는 남쪽에 있는 산타크루즈 Santa cruz 주변의 또 다른 레드우드 공원이었지만, 그런 사실은 별로 중요하지 않다. 끝이 보이지 않을 정도로 높이 솟은 나무들과 그 사이로 비치는 따사로운 햇살의 풍경만으로도 충분히, 천국의 한 장면처럼 느껴졌던 실황 비디오 속의 숲속 콘서트 영상이 생생하게 머릿속에 그려졌기 때문이다.

Please, celebrate me home
Play me one more song that I'll always remember
That I can recall, whenever I find myself too all alone
I can sing me home
Well I'm finally here, But I'm bound to roam
Come on celebrate me home

저 집에 왔어요. 환영해 주세요
내가 외로워 질 때마다
맘 속에 떠올리며 부르기만 해도
나를 집으로 돌아오게 하는 그 노래를 우리 불러요
결국 돌아왔죠. 곧 또 떠나겠지만
지금은 그냥 환영해 주세요

Kenny Loggins
Outside : From the Redwoods
Celebrate Me Home / 1993

눈에 보이는 게 전부가 아니다. 아는 만큼 보이고 그만큼 느낀다. 그 느낌을 말로 설명해봤자 소용없다. 그것은 알고 느끼는 사람들에게만 주어지는 선물이다.

누군가는 그곳에서 원하는 사진을 찍고, 누군가는 그곳에 얽힌 음악을 듣기 위해 가는 것이다. 다들 하고 싶은 것이 있고, 느끼고 생각하는 바가 있다. 그저 좋으면 같이 도우며 동행하면 되고, 싫으면 군말 없이 떠나면 그만이다. 그런 헤어짐은 그냥 같이 있을 팔자가 아닐 뿐 누구의 잘못도 아니다. 거기에 대해 곱씹으며 밤잠 설칠 이유도 없다.

하지만 어쩔 수 없이 아픈 이별이 있다. 사랑하는 이와의 헤어짐. 사랑하는데 이유가 없듯이 그 이별의 아픔에도 이유 따윈 없다. 밤에 잠도 오지 않고, 갑자기 화도 났다가 한없이 자신이 서글퍼지며 눈물이 나기도 한다. 일방인 경우엔 더욱 더 힘들다. 나는 이렇게 힘들고 화가 나는데 상대방은 별로 힘들어하는 것 같지 않다면 그건 '짝사랑'임이 분명하다. 그래서 짝사랑은 잊기가 더 힘들다. 나 혼자 화가 나니까 더 미칠 것 같고 더 죽을 것 같이 힘들다. 화가 난다는 건 아무도 해결해 줄 수 없는 자신의 문제이기에, 그렇게 홀로 스스로 죽어간다.

어떤 사람들은 그 아픔을 통해 뭔가를 깨달으며 살아나기도 한다. 그런 이들은 그 깨달음을 통해 더 강해진다. 그리고 죽을 것처럼 아팠던 마음의 상처도 시간이 흐르며 점차 굳어져 간다. 그렇게 아픔은 세월 속에서 잊히지만 상처는 마음 한구석에 나이테처럼 새겨져 뚜렷이 남는다.

아픔도 잊히는 것처럼, 깨달음도 다시 잊힌다. 그러면서 인간은 또다시 잘못을 저지른다. 그래서 잊지 말자고 규칙을 정하고, 이름을 새기고, 잘못을 저지르는 사람을 벌하고, 그러고 나서 또 아파하고, 그 아픔을 통해 다시 깨닫고. 그 과정을 끝없이 반복한다.

아픔이란 잘못을 벌하는 것으로 치유되지 않는다. 처벌은 또 다른 누군가에게 상처가 되고, 그 상처는 또 다른 아픔을 낳을 뿐이다. 사람의 마음이란 사람 수 만큼이나 많고, 한 사람 한 사람의 연륜과 경험만큼 깊다. 간단한 문제가 아니다.

그래서 사람들은 노래를 만든다. 복잡하고 어려운 말 대신 사람들의 기억에 오래 머물 수 있는 깨달음을 노래로 남기는 것이다. 삶이 또다시 힘들어지고 한없이 외로워질 때, 그 노래에 이끌려 다시 위로 받으며, 모든 걸 다 잊고 한 번 더 로드 트립을 떠날 수 있도록 말이다. 떠난 그곳에서 다시 그 멜로디와 가사를 되새기며, 내 기억 속 어딘가에 새겨져 있는 이전의 깨달음을 다시 찾게 하는 노래. 그런 노래는 한 사람의 인생 속에서 끊임없이 재해석되며, 그 사람의 마음속에 영원히 자리 잡는다.

Episode 39

미국에서 운전할 때
조심할 사항 1

Captain_ *You have at least a minute before you freeze.*

Walter Mitty_ *What?*

Captain_ *You are safe.*

    선장_ 얼어 죽으려면 적어도 1분은 걸려.

    월터 미티_ 뭐라고?

    선장_ 지금은 안전하다는 뜻이야.

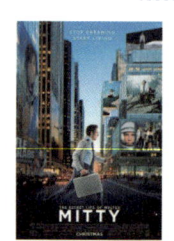

The secret life of Walter Mitty(2013)

예쁜 자동차 카페

 "앗, 저 카페는 꼭 찍어줘야 해!"

 꽤나 공을 들여 장식한 자동차 카페가 길 우측으로 휙 지나갔다. 사진을 찍고 싶은 충동에 별 생각 없이 차선을 급변경하며 차를 길 가장자리로 붙이려는 순간 빵~ 하는 경적 소리와 함께 어디선가 나타난 다른 차가 우측 보도블록 위를 올라타고 있다. 내 차를 황급히 피하려다 보니 어쩔 수 없이 보도블록으로 뛰어든 듯. 내 실수임이 분명하다. 게다가 뒷좌석에서 두 명의 덩치가 내리며, 이쪽을 째려본다. 빨리 잘못을 인정해야 하는 분위기다.

다른 모양 신호등
미국 주유소는 대부분 셀프

사거리의 표지판들
주마다 다른 자동차 번호판

재빠른 손 제스처로 고의가 아니었다는 '노 오펜스 No Offense' 입장을 표명했더니, 다행히 그들도 그냥 자기 갈 길을 갔다. 지금까지 쌓아온 무사고 기록이 깨질 뻔 했던 아찔한 순간이었다. 그것도 캘리포니아 주까지 다 와서 말이다.

낯선 길을 50일 동안 달리며 접촉사고는 물론 딱지 한 장 끊지 않았다. 감사한 행운이기도 하지만 한 가지 증명된 명제도 있다. 그것은 '남이 만들어 놓은 규칙을 존중하는 것이 얼마나 나를 안전하게 만드는 일인가'하는 부분이다. 20,000km가 넘는 거리를 달리는 동안 한 번도 교통 법규를 어기지 않았다는 것과 그동안 전혀 사고가 없었다는 것의 상관관계를 놓고 하는 이야기다.

미국에서 자동차를 운전하는 일은 쉽고도 어렵다. 도시 간 이동은 어렵지 않다. 길들이 쭉쭉 뻗어 있고 차량도 별로 없으니 규정 속도만 지킨다면 아무 일 없다. 문제는 도심 운전이다. 주마다 도시마다 신호등 위치, 모양도 조금씩 다르고, 집중 단속하는 교통 법규도 조금씩 차이가 있다. 물론 안전과 직결되는 중요한 운전 규칙, 예를 들어 한국 사람들이 미국에 와서 운전할 때 제일 헷갈려 하는 '비보호 좌회전' 규정 같은 경우는 미국 어디나 공통이지만, 그 외에 주마다 조금씩 차이가 있는 운전 관련 주의 사항들이 있다.

예를 들면 텍사스 주에서는 추월 차선에서 지속적으로 주행하는 차들에 대한 단속이 심하고, 뉴저지와 오리건 등 몇몇 주에서는 셀프 주유가 법으로 금지 되어 있다. 즉, 이곳에서는 주유소에 갔을 때 누군가 당신에게 다가오더라도 긴장할 필요가 없다는 사실.

복잡한 도시의 큰 사거리에는 수많은 영어 간판들이 잔뜩 붙어 있다. 거리 이름을 비롯해 차선 별 지시사항, 벌금 조항, 그밖에 여러 다른 규정들까지. 그 간판들

중 무시해도 되는 메시지는 하나도 없다. 비단 간판만이 아니라 바닥도 잘 보아야 한다. 'KEEP CLEAR'라고 쓰여 있는 구간은 비워두어야 하고, 좌회전 화살표가 있는 차선에서는 반드시 좌회전을 해야 한다. 물론, 이런 내용들을 몰라도 사고가 나거나 경찰한테 걸리지만 않으면 운전하는데 별 지장은 없다. 하지만, 규칙을 계속해서 무시한 채 달리다간 언젠가 큰 대가를 치를 수 있다.

사실 대가 운운하지 않아도 교통 법규는 당연히 지켜야 한다. 사람의 생명과 직결되는 문제인데 지키는 게 당연한 것 아닌가? 하지만 어디나 그렇듯 이곳에도 법규를 어기는 사람들은 있다. 하지만 전반적으로 잘 지키는 편이다.

이유가 뭘까? 사회적 분위기? 시민정신? 모두 조금씩 맞는 이야기지만, 민족이나 계층이 워낙 다양한 만큼 한 가지 이유로 설명하긴 어렵다. 다만, 확실한 점 한 가지는 위반 시 책임져야 하는 대가가 엄청나다는 것. 즉, 법이 효력을 제대로 발휘할 수 있을 만큼 강력하다는 건데, 구체적으로 말하면 다음 두 가지가 세다는 것이다.

'벌금'과 '경찰'

미국의 교통 범칙금은 상상을 초월할 정도로 비싸다.
이게 얼마나 쓰린지 한 번 걸려보면 안다. 나도 미국에 온지 한 달도 되지 않아 주택가 사거리 바닥에 그려져 있던 '우회전만 가능' 사인을 무시하고 무심코 직진했다가 바로 뒤따라오던 경찰에게 바로 걸렸는데, 20만 원이 훨씬 넘는 벌금을 내야 했다. 그 후로 교통 법규는 어길 엄두를 못 낸다. 내 인성이 훌륭해서? 천만에, 벌금이 무서워서다.

미국 운전자들을 얌전하게 만드는 것은 벌금뿐만이 아니다. 교통경찰의 강력한 권한도 한몫 한다. 미국은 총기 소유가 허가되는 사회이기 때문에, 누가 총을 가지고 있는지 모른다. 그래서 모든 미국 경찰들은 총을 가지고 다닌다. 물론, 교통경찰도 예외가 아니다. 이들이 차를 세우라고 하면 무조건 세워야 하고, 지시 사항은 그대로 따라야 한다. 이들과 실랑이를 한다거나, 도주한다는 건 그야말로 '총 맞기 딱 좋은 일'이다. 실제로 오해를 불러일으키는 제스처 때문에 경찰에게 현장에서 사살된 사례도 뉴스에 가끔 나온다. 한마디로 법이 진짜 무서운 나라다.

좌회전 유턴 금지 표지판

무서운 미국 경찰

Episode 40

미국에서 운전할 때 조심할 사항 2

도로의 히치하이커

　미국에 있는 모든 차량이나 사람들이 총기를 보유하고 다닌다고 볼 수는 없다. 총기를 가지고 다니려면 허가증을 받아야 하기 때문에 대부분의 총기는 장롱 속이나 차고 어딘가에 비치되어 있는 경우가 많다. 하지만, 중요한 건 '누가 총을 가지고 있는지 모른다'는 사실. 그 사실만으로 충분히 긴장이 되고, 매사에 조금 더 조심스럽게 된다. 길을 걸을 때도 햄버거 가게에서 뭔가를 먹을 때도 주변을 좀 더 살피게 되는 게 현실이다. 이로 인해 서로를 결코 '우습게' 볼 수 없는, 그래서 더욱 더 서로를 조심하게 되는 사회적 분위기가 운전하는 환경에도 반영되어 있다.

미국 도로를 달리면서 히치하이커를 그냥 지나치게 되는 이유도, 야간 운전을 되도록 피하게 되는 것도 이런 심리적 배경이 어느 정도 작용한다. 새벽 슬럼가의 한적한 도로에서 적색 신호에 걸려 대기하고 있는데, 옆 차선에 짙은 선팅을 한 커다란 지프가 조용히 와서 정차하면 녹색 신호가 떨어질 때까지가 그렇게 길게 느껴질 수 없다. 그래도 사람 사는 곳인데, 너무 심한 노이로제 증상을 보이는 게 아닌가 하고 생각할 때면 어김없이 다음과 같은 뉴스가 TV에서 흘러나온다.

"오늘 아침 10시 경, 할리우드 근처의 선셋과 바인 거리 교차로 한복판에서 무단횡단을 하던 한 행인이 지나가는 차량들의 운전석을 향해 무차별 총격을 가한 사건이 발생했습니다. 총격을 당한 한 운전자는 병원으로 가던 도중 사망……."

할리우드에서 살게 된지 1년도 안 되었을 때 실제로 일어난 사건이다. 죽은 운전자는 억울하기 그지없다. 물론, 이 마약 중독자는 출동한 경찰에게 현장에서 사살당하긴 했지만 그렇다고 죽은 사람이 돌아오지는 않는다. 어쨌든 나는 이 뉴스를 본 이후부터 무단횡단을 하는 사람이 전방에 나타나더라도 경적을 울리지 않고 조용히 정차한 채 그 사람의 손을 주시하며 먼저 건너갈 때까지 기다린다. 이 역시 배려나 시민정신보다는 생존본능에서 나오는 조심스런 행동에 더 가깝다.

그래서일까. 이곳 사람들은 웬만해서는 경적을 잘 울리지 않는다. 자동차가 많이 다니는 길가에 앉아 있어도 클랙슨 소리는 많이 들리지 않는 편이다. 물론, 누가 갑자기 앞으로 끼어들면 짜증은 내지만, 그냥 혼자 화내며 가던 길을 바삐 갈 뿐 클랙슨을 울리지는 않는다. 간혹 미친 듯 난폭 운전을 하는 친구들도 있지만 그 차에 뭐가 있는지 모르고, 그렇게 운전 하는 사람이 많지도 않으니 '아 이 친구 무지 바뻔가 보다'하며 다들 비켜준다. 과속을 하건 난폭 운전을 하건, 스스로 엄청난 벌금을 낼 각오를 하고 달리는 거니 자기 문제 아닌가. 괜히 말려들 필요가 없다고 생각하는 것 같다.

경적을 심하게 울려도 되는 차량들도 있다. 비상 차량, 경찰차, 구급차, 소방차 등인데 이들 차량의 경적에 해당하는 사이렌 소리는 정말 상상을 초월할 정도로 크다. 지금은 많이 적응되었지만, 처음에 들었을 때는 귀가 멀 정도로 큰 소리에 깜짝 놀라 정신을 못 차릴 정도였다. 만일 이 사이렌 소리를 듣고도 비켜주지 않은 채 머뭇머뭇하다가 걸리면 또다시 엄청난 벌금을 내게 된다.

어쨌든 이런 차들을 제외하고서는 내 갈 길이 급하니 앞에서 얼쩡거리지 말고 비키라는 식의 경적 소리는 별로 들리지 않는다. 이들이 클랙슨을 주로 사용할 때는 '나의 급한 사정이나 짜증을 알리는 것'보다는 '위험을 알리는 경우'가 많다. 앞차가 사고의 위험이 따르는 불법 행동을 하거나, 사람이 갑자기 도로 위로 뛰어들거나 하는 경우에는 여지없이 경적을 울린다.

입장을 바꾸어 생각해보면, 다른 차량이 나에게 주는 사인을 무시하면 내가 위험에 빠질 수도 있다는 이야기다. 맞은편에서 지나가는 차량들이 계속해서 나에게 클랙슨을 울리거나, 하이빔을 쏜다면 내가 위험에 처해 있는 상황일 가능성이 높다. '지금 잘못된 차선으로 날리고 있어, 그렇게 라이트 끄고 달리다간 벌금 엄청 먹어.' 뭐 이런 의미의 메시지. 나도 다른 차에게 이런 경고를 보낸 적이 몇 번 있었는데, 보통 이런 차들은 다른 주 번호판을 달고 있거나, 렌터카 번호판인 경우가 대부분이다. 즉, 초행길이라면 차안의 음악 소리도 다소 줄이고 주변의 사인을 좀 더 집중해서 살펴봐야 한다.

미국의 다양한 차량
도로 위의 스톱 사인

미국에서 유의해야 할 교통 법규

미국의 교통 법규는 한국과 전반적으로 비슷하지만, 조금씩 다른 부분이 있다. 한국 사람이 미국에 와서 운전할 때 많이 혼란스러워하는 항목들 몇 가지만 정리해 본다.

비보호 좌회전

청신호 시 비보호 좌회전 사인
좌회전 금지 적신호

비보호 좌회전은 미국에서 운전을 할 때 가장 당황스러워 하는 교통 법규 중 하나이다. 미국 도로의 사거리는 몇 가지 경우(좌회전 금지 표지판이 있거나, 좌회전 금지 적신호가 켜져 있는 경우)를 제외하고 일반적으로 비보호 좌회전이 가능한데, 이 비보호 좌회전을 위해 사거리 한가운데까지 차를 조금씩 몰고 나가 있어야 한다. 반대편 도로에서 차가 오지 않는 경우에는 언제든 비보호 좌회전이 가능하고, 신호 교차 시 도로 중앙까지 나와 있는 차 2대까지 비보호 좌회전이 가능하다. 이때 조심해야 할 두 가지 상황은 좌회전하기 전 좌측 횡단보도에 사람이 건너고 있는지 반드시 확인해야 하고, 비록 신호 교차 상황이라 하더라도 반대편의 직진 차량이 정지하는 것을 눈으로 확인한 후 좌회전해야 한다. 신호가 바뀌기 직전 급하게 사거리를 지나려는 차량과 그 차량이 정지할 것이라 예측한 좌회전 차량이 서로 부딪히는 사고는 빈번하게 발생한다.

적신호시 우회전 금지

적신호시 우회전 금지 표지판

미국에는 우리나라와 달리 사거리 우회전이 상시 허용되지 않는 도로가 많이 있다. 그런 사거리의 우측 길가에는 항상 '적신호시 우회전 금지|No Right Turn On Red' 라는 글자 표지판이나 기호 표지판이 있다. 사거리에서 우회전을 할 경우 항상 우측 길가에 별도의 사인이 없는지 확인하는 습관을 가지는 편이 안전하다.

카풀 라인

카풀 표지판
카풀 위반 시 범칙금 표시

교차로 꼬리물기 금지 표지판

상습적으로 막히는 고속도로에는 1차선 쪽에 카풀 라인이 존재하는데, 한국과는 달리 차종 관계없이 한 차에 두 명 이상만 타고 있으면 카풀 라인 주행이 가능하다. 카풀 라인과 일반 라인 사이에는 황색 더블 라인 두 개가 있을 정도로 차선 변경을 엄격히 금지하고 있으며, 도중에 나타나는 변경 가능 구간에서만 출입이 가능하다. 위반 시 범칙금은 한국 돈으로 거의 40만 원 정도 수준이다.

교통 범칙금

미국의 교통 범칙금은 주마다 그 금액에 다소 차이가 있지만, 평균적으로 한국보다 5배에서 10배 정도 비싸고, 보험료 인상율도 엄청난 수준이다. 특히, 안전과 직결된 항목일수록 더욱 부담이 커진다. 과속의 경우 캘리포니아 주 기준으로 시속 100마일약 160㎞ 이상으로 달리다 적발되면 900달러의 벌금이 부과되고, 제한 속도 시속 65마일약 105㎞인 고속도로에서 시속 15마일약 24㎞ 초과 과속 시 367달러, 그 미만 초과 과속 시 238달러의 벌금이 각각 부과된다.

심한 과속이 장시간 지속되는 경우는 레이더로 적발해 경찰차를 출동시키기도 하고, 특히 야간에는 고속도로 가장 바깥쪽 차선으로 경찰차들이 라이트를 완전히 끈 채 서서히 주행하다안 보인다! 과속 차량이 지나가면 순식간에 따라 붙어 적발하기도 하는데, 이는 미국 일주 시 몇 차례 직접 목격한 장면이기도 하다.

그밖에도 한국 사람들이 캘리포니아 주에서 운전하다 자주 적발 당하는 야간 헤드라이트 소등 주행, 일단 정지 미준수 항목 등의 벌금들도 300달러를 넘나드는 높은 수준이며 교차로에서 꼬리물기 적발 시 최대 500달러, 도로변 쓰레기 투기 적발 시 1,000달러 등 공공질서 유지에 지장을 주는 항목 등에 대해서는 매우 높은 수준의 교통 범칙금을 부여하고 있다.

Episode 41

캘리포니아
1번 도로

Dan_ I just wanted to come here.

Herb_ Okay, why?

Dan_ It's kind of embarrassing.

Herb_ Go ahead.

Dan_ I had a dream about this place.

　　댄_ 그냥 여기 와보고 싶었어.

　　　허브_ 아 그래? 왜?

　　　댄_ 말하기 좀 부끄러운데.

　　　허브_ 그냥 말해.

　　　댄_ 여기가 꿈에 나왔어.

Mulholland Drive(2001)

라디오 볼륨과 함께 자동차의 속도를 서서히 줄였다. 위험을 느낀 것도, 복잡한 도심 구간으로 들어선 것도 아니었다. 뭔가 '거룩한 곳'에 도달했기 때문이다. 마침내 전방에 모습을 드러낸 표지판. 바로 101번 도로와 1번 도로가 갈라지는 분기점이다. 여기가 바로 캘리포니아 1번 도로가 시작되는 북쪽도로의 끝 지점인데, 신기하게도 그 표지판의 모습은 꿈에 나왔던 모습과 거의 흡사했다.

사람들이 나에게 왜 사서 고생하며 미국을 한 바퀴 돌고 있냐고 질문할 때마다 '그냥 하고 싶어서'라고 짧게 답하지만 왜 하고 싶어졌냐고 물을 땐 한 마디로 설명하기 힘들다.

우선, 결정적인 이유는 아이오와시티에서 콘서트를 통해 그곳을 찾은 청중들에게 했던 이야기와 같다. 어렸을 때부터 좋아하던 팝송 가사와 그에 얽힌 지역, 혹은 그 곡이 주제가로 쓰인 영화나 뮤직비디오 속의 실제 장소들과 뮤지션들의 고향을 찾아다니며 내가 만들고 싶은 음악에 대한 영감을 받고 싶었다. 뮤지션으로 새 삶을 살게 된 것도, 이 먼 여행을 떠나게 된 것도 모두 어린 시절 좋아했던 음악들 때문이었고, 그것이 나를 이끄는 꿈이 된 것이다.

하지만, 이렇게 거창한 이유만 있는 것은 아니다. 스스로도 아직 잘 이해가 되지 않는, 아니 평생 이해하지 못할지도 모르는 그런 욕구도 있다. 이유를 멋지게 포장하려고 하면 더 말이 꼬이는, 왠지 그냥 끌린다고밖에 표현 할 수 없는 그런 것이 있지 않은가. 나에겐 그게 바로 '캘리포니아 1번 도로'였다. 3년 전 1번 도로의 샌프란시스코에서 LA까지의 해안 구간을 한 번 달려본 이후, 이 길에 완전히 반해 몇 번 더 달리게 되었고, 달리면 달릴수록 점차 중독되기 시작하더니 급기야는 이런 생각까지 들게 되었다.

1번 도로의 시작
1번 도로로 가는 길
1번 도로의 솔트 포인트 구간

'이 길의 시작은 어디일까?'

그 이후로 1번 도로의 출발점이 자꾸 꿈에 나오기 시작했다. 1번 도로가 시작되는 표지판이 나타나고 그 다음 지점부터 나타나는 꿈 속의 절경들. 꿈을 꾸는 횟수가 잦아짐에 따라 꿈속 풍경들이 점점 더 생생해지더니, 결국 이 길을 달려보고 싶어서 견딜 수 없게 되었다. 단순히 어떤 풍경인지 궁금해서라기보다는 왠지 꼭 한 번 가봐야 할 것만 같은 그런 강렬한 느낌이었다.

꿈속에서도 어렴풋이 방향 감각은 있었나보다. 꿈속 드라이빙 장면엔 태평양이 언제나 오른쪽에 있었다. 바깥 차선으로 달려야 바다를 더 가까이 느끼며 달릴 수 있고, 그러기 위해서는 북쪽에서 출발해서 내려와야만 했다. 미국 일주 경로를 잡을 때, 북쪽이 아닌 동쪽으로 먼저 떠난 이유도 바로 그 때문이었다.

그리고 지금 나는 꿈에도 그리던 1번 도로의 출발점을 지나 캘리포니아 북부 해안도로를 달리고 있다. 잠시 후, 바다 내음과 함께 탁 트인 태평양의 모습이 눈앞에 드러났다.

꿈에 나온 장면이 현실로 펼쳐진다는 것. 그 느낌이 어떤지, 꿈을 꿔 보고 그 꿈에 도달해 본 사람들은 잘 알 것이다. 그렇게도 간절히 원하던 순간이지만, 막상 도달하면 마냥 행복하지만은 않고 한편으로 무섭기도 한 게 이 순간이다. 그렇게나 소중한 순간이 너무 짧게 지나가버려서 무섭고, 이런 행복한 순간을 내 인생에 또 만날 수 있을까 하는 생각에 무섭기도 한 게 꿈이 이루어지는 순간이다.

그런데 지금은 이 길 자체도 무섭다. 주변 풍경은 아찔할 정도로 아름다운데 도로가 너무나도 좁고 급커브가 심해서 차를 세우고 사진 한 장 찍기도 쉽지 않다. 그저, 달리며 주변으로 스쳐지나가는 찰나의 아름다움을 느끼고 감탄할 뿐. 다른 행동들은 허락되지 않는다. 그 아름다움과 위험의 정도가 그동안 수차례 달려 본 남부 캘리포니아의 1번 도로와는 비교가 되지 않을 정도다. 마치 또 하나의 신대륙을 발견한 듯한 뿌듯함까지 느껴진다.

또다시 경건해진 마음에, 나도 모르게 라디오 볼륨을 또다시 줄이고 있었다.

Episode 42

독립 뮤지션이 할 수 있는 일

　미국 일주를 하게 된 또 하나의 이유는 내가 만든 팝송을 알리기 위해서였다. 이것이야말로 궁극적으로 내 삶을 걸고 하고 싶은 일이자 미국으로 건너온 이유 그 자체였지만, 실제로는 할 수 있는 방법이 그다지 많지 않았다. 음악을 만드는 것까지는 나의 능력이고 내가 잘하고 싶은 일이지만, 만들어진 음악을 널리 알리는 건 내 능력만으로 되는 일이 아니다. 돈이 엄청 많거나, 빵빵한 네트워크가 있거나, 아니면 많은 사람이 알 정도로 유명해야 되는데 미국에서 나는 그 어느 것에도 해당되지 않는 힘없는 무명 독립 뮤지션에 불과하다.
　한편으로는 그래서 남을 의식하지 않고 뭐든지 해볼 수 있는 자유가 주어지기도 한다. 학벌이나 '인공위성'이라는 타이틀 따윈 여기선 아무 의미도 없으니, 내가 뭘 하든 아무도 신경 쓰지 않는다. 그저 내가 해보고 싶은 걸 묵묵히 하기만 하면 된다.

미국에는 나 같은 독립 뮤지션들이 무지하게 많다. 정확한 숫자를 확인해 보기도 어렵다. 어딘가에 등록되거나 소속되어 있지 않는 경우가 더 많기 때문이다. 그들은 스스로 음악을 작사, 작곡해서 노래도 부르고 다양한 악기들을 직접 연주, 녹음해서 각자의 재정 사정에 맞는 수준의 CD를 제작한다. 돈이 없는 경우에는 웹사이트에 라이브 영상을 올리며 자신의 음반 제작에 투자해 줄 사람들을 모집하기도 한다.

이런 식으로 어렵게 CD를 만든 후에도 정작 많은 사람들에게 들려주기 위해 스스로 할 수 있는 일은 그렇게 많지 않다. 유튜브나 SNS에 음악을 올려 봐도 그저 친구들 수십 명이 듣고 좋아해주는 정도이고, 팬 페이지를 만들어 친구 수백 명을 초청해 '좋아요'를 받아봤자 실제로 음악을 들어주는 친구들은 거기서 거기다. 결국 힘없고 빽없는 뮤지션이 친구 아닌 다른 사람들에게 자기 음악을 들려줄 수 있는 유일한 방법은 거리로 나가서 연주를 하며 직접 CD를 파는 것이다. 내가 할 수 있는 일도 크게 다르지 않았다.

이를 위해 스스로 작사, 작곡, 프로듀싱하고 CD를 제작, 주문한 후 공장까지 직접 가서 손에 얻은 100개짜리 CD 박스 두 개를 LA에서부터 차에 싣고 달렸다. 미국을 한 바퀴 도는 동안 기회가 되면 공연을 하며 CD를 팔기도 하고, 친구를 만날 때마다, 혹은 친구가 아니더라도 내가 뮤지션이라는 사실에 관심을 보이는 사람이 나타나면 CD를 선물로 주었다. 하룻밤 묵어갈 수 있도록 선의를 베풀어준 집주인이나 여행 중 우리에게 식사 한 끼나 커피 한 잔이라도 대접해 주는 사람들의 친절에 대한 보답으로도 CD는 사용되었다. 정말 친한 친구 아니면 가급적 돈을 꼭 받거나, 아니면 대가성으로라도 CD를 주려 노력했다. 그래야 내 음악을 한 번이라도 듣게 될 가능성이 높아진다고 믿었기 때문이다.

대중음악은 남에게 들려주기 위해 만드는 음악이다. 중요한 점은 돈을 버는 것보다는 들려주는 것 그 자체이고, 그를 통해 내 음악에 공감하는 사람을 만나는 것

이다. 돈을 버는 것이 목적이었다면 난 당연히 직장을 떠나지 말아야 했다. 돈은 그저 내가 건강하게 살 수 있고, 계속해서 좋은 음악을 만드는 데 쓸 수 있는 정도만 있으면 그만이다. 좋은 음악을 만드는 데 꼭 많은 돈이 드는 게 아니라는 믿음. 이 믿음이야말로 수많은 독립 뮤지션들의 꿈과 희망의 원천이다. 나도 그걸 믿고 있고, 있는 힘을 다해 증명해 보이고 싶었다. 그러기 위해서라도 출발점은 홀로 초라해야만 했다.

이번 여행을 통해 내 CD는 미국 각처에 뿌려졌다. 소녀 시절 '인공위성' 콘서트에 온 적이 있다고 한 휴스턴의 가정주부 손에, 나를 자신의 젊은 시절 아이돌이라고 페이스북에 소개해 준 필라델피아의 어여쁜 유학생 손에, 자신의 사무실에 틀어놓고 직원들에게 꼭 들려주겠노라 약속한 뉴욕의 벤처 사업가 손에, 팝송에 조예가 깊으신 나이아가라 폭포 주변의 목사님 손에, 디트로이트 시 외곽에서 행복한 가정을 꾸리고 있는 오랜 친구의 손에, 그리고 아이오와시티에서 공연을 보고 나서 사인을 받고자 줄을 길게 서 준 고마운 청중들의 손에……. 일일이 그들과 한 명, 한 명 눈을 마주쳐가며 내 진심이 담긴 음악을 전달해 주었다. 그들에게 남긴 부탁은 딱 한 가지였다.

"감사합니다. 제발 한 번이라도 꼭 들어주세요! 꼭이요!"

물론, 그들이 내 음악을 지금도 계속 듣고 있는지는 알 수 없다. 하지만, 내가 할 수 있는 일은 좋은 음악이라고 믿는 노래를 만들고, 조금이라도 더 많은 사람들이 들을 수 있도록 노력하는 것뿐이다. 뮤지션의 역할은 들려주는 것까지다. 그 음악을 좋아하게 만드는 건 음악 스스로가 하는 일이고, 듣는 사람들 각자의 삶과 경험의 몫이다.

Episode 43

내가 만든 노래야.
한 번 들어봐

어느덧 거의 텅 비어가는 CD 박스에서 다시 한 장을 꺼내 들고 이야기를 건넨다.

"헤이, 내가 만든 노래야. 한 번 들어봐."

샌프란시스코에서 밴드 활동을 하고 있는 이 친구, 본인도 독립 뮤지션인지라 내 말이 무슨 뜻인지 바로 안다. CD를 받자마자, 비닐 포장을 북북 뜯어 자동차 카 스테레오에 넣더니 볼륨을 높인 후 한참 동안 아무 말도 하지 않은 채 음악을 집중해서 듣기 시작한다. 샌프란시스코 외곽 도로를 달리는 자동차 안에서 내가 만든 팝송이 큰 소리로 울려 퍼지며 고속도로 위로 거침없이 흘러넘친다. 때마침 도로 끝에 걸린 석양이 그토록 눈부실 수 없다. 행복하다. 이대로 죽어도 원이 없겠다는 착각마저 든다.

도로 위의 석양
샌프란시스코 스카이라인

"Drive into the Sunset, I don't wanna let you go~."

첫 번째 트랙이 끝날 즈음, 그는 뮤지션끼리 할 수 있는 솔직한 이야기를 꺼냈다.

"이보게, 친구. 자네도 잘 알겠지만, 여기 주변에 음악 한다는 사람 많잖아. 솔직히 뭐 그러나보다 싶지. 그저 그런 가사들에 어울리지 않는 멜로디와 편곡들. 그런 노래는 사실 같은 뮤지션으로서도 들어 주기 힘들고, 어쩔 때는 왠지 서글퍼지기까지 해. 혹시 내 음악도 저렇게 들리지 않을까 하고 말이야. 무슨 말인지 알지? 하지만, 이렇게 나와 비슷한 처지에 있는 뮤지션의 음반을 받아 틀었는데 뭔가 괜찮은 느낌의 사운드와 노래가 나오면, 그건 완전 다른 이야기지. 용기가 생기면서 다시 해볼 만하다는 생각까지 들기도 해. 그런 음악은 뮤지션이 그 노래에 대해 설명할 필요도 없어. 그냥 들려주면 되는 거지. 뮤지션은 음악 그 자체로 말해야 되는 거니까. 안 그런가?"

에둘러 말한 것 같지만, 내 귀에는 최고의 찬사로 들렸다. 특히 마지막 말은 정말 공감 가는 말이다. 무슨 말이 필요한가. 뮤지션이 해야 할 유일한 설명은 음악을 들려주는 것뿐이다. 예상치 못한 그의 반응에 나도 신이 나서, 마구 떠들어대기 시작했다.

"고마워. 친구. 그래. 난 정말 심각하게 음악을 만들고 있어. 좀 더 좋은 사운드를 만들 수 있도록 고민도 많이 하고 함께 할 친구들도 계속 찾고 있지. 그리고 노래를 내가 직접 불렀는데 악센트가 있어서 좀 더 자연스럽게 들리도록 미국 싱어를 찾아 다시 녹음해볼까도 생각 중이야."

그는 잠시 생각하다가, 이번엔 조심스레 말을 꺼낸다.

"글쎄. 내 생각은 좀 다른데. 이건 전형적인 복고 록 스타일의 미국 음악이 잖아. 사실 음악을 좀 듣는 사람들에게는 그렇게 새로운 스타일이 아니지. 하지만, 이런 음악을 동양인이 만들고 불렀다고 한다면 조금 더 관심을 끌 수 있을 것 같아. 악센트 때문에 더 흥미롭게 들리거든. 적어도 나에게는 그 렇게 들렸어. 그냥 미국 사람이 부른다면 오히려 평범하게 들릴지도 몰라. 가사도 그렇잖아. 누가 뭐라 하든 상관없이 꿈을 좇는 이야기 아냐? 그런데 악센트 따위가 뭐가 중요하겠어?"

아. 그런 생각까진 해보지 못했는데. 역시 샌프란시스코에서 음악을 하는 친구라 그런지 생각이 남다르다. 그의 스튜디오 앞에 도착해 잠시 차를 세워놓고, 우리는 함께 해변을 걸으며 좀 더 많은 음악 이야기를 나누었다. 한참을 걷고 난 후 그는 피곤하지 않냐며 자기 배낭 안에서 물통 같은 걸 꺼내 나에게 건넨다. 뭔지 묻지도 않고 그냥 한 모금 마셔보니, 순간 뜻밖의 강렬한 향과 취기가 온몸을 감싼다. 버번이다. 휘둥그레진 눈으로 그를 다시 쳐다보니, 이 친구 나에게 윙크 하며 자기 입술에 검지를 가져다 댄다.

샌프란시스코. 그동안 여러 차례 온 적 있는 낯익은 도시지만 이번처럼 제대로 도시를 느껴보긴 처음이다. 결국은 사람이다. 누구를 만나느냐가 그 도시의 경험을 결정한다. 그리고 만나는 사람이 바뀌려면, 내가 먼저 바뀌어야 한다. 샌프란시스코에서의 삶을 이해하려면 히피족을 만나봐야 하고, 그들을 진심으로 대면하고 싶다면 스스로 머리에 꽃을 달아야 한다. 뮤지션을 제대로 만나기 위해서는 스스로 뮤지션이 되어야만 했던 것이다.

If you're going to San Francisco
Be sure to wear some flowers in your hair
If you're going to San Francisco
You're gonna meet some gentle people there

샌프란시스코에 가거들랑
꼭 머리에 꽃을 다세요
샌프란시스코에 가면
거기서 다정한 사람들을 만나게 될 거예요

Scott McKenzie
The Voice of Scott McKenzie
San Francisco / 1967

5년 전 처음 출장을 왔던 당시에는, 불과 몇 년 후 이렇게 이곳 뮤지션과 함께 음악 이야기를 나누며 해변을 걷게 되리라고는 꿈에도 상상하지 못했다. 하지만, 결국 지금 일어나고 있는 이 모든 일들은 바로 그때 감행했던 내 첫 번째 미국 로드 트립에서 비롯되었다. 내 인생을 바꿔놓은 그 짧은 이틀간의 로드 트립 출발지가 바로 이곳 샌프란시스코였다.

Episode 44

캘리포니아 1번 국도,
첫 번째 로드 트립의 회상

    2007년 늦가을, 절호의 기회가 왔다. 샌프란시스코로 들어가서 LA로 빠져 나오는 열흘간의 회사 출장. 도중에 들러야 하는 곳도 많은 빡빡한 일정이었지만, 내 머릿속은 온통 캘리포니아 해안도로에 가 있었다. 동행이 있는 출장이라, 일정 및 이동 경로를 원하는 대로 잡기 힘들었지만 '렌터카 출장의 묘미를 살려야 되지 않겠느냐. 5번 내륙도로는 빠르긴 하지만 지루하기 그지없다더라.'는 둥, 동료들을 집요하게 꼬드겨 해안 쪽으로 나 있는 101번 고속도로로 가는 데 성공했다. 1년 전 책을 통해 처음 접하며 상상의 나래를 펼쳤던 '벤투라 하이웨이 Ventura Highway'가 바로 그 도로 끝에 있었기에 반드시 그쪽으로 내려가야만 했다.
    샌프란시스코를 떠나 몇 시간을 내달려 마침내 그곳에 도착했다. 태평양 연안을 스치는 짧은 해안도로 구간. 구름 한 점 없는 푸른 하늘 아래로 캘리포니아 육지

벤투라 하이웨이

와 태평양의 경계를 가르는 해안도로 위를 달리며, 준비한 '벤투라 하이웨이'를 카스테레오에 연결하고 플레이 버튼을 눌렀다. 그리고 볼륨 업! 차 안에서 졸고 있던 일행들이 갑자기 커진 음악소리에 놀라 눈을 번쩍 뜬다. 잠을 깨웠다는 불평도 잠시, 차창 밖으로 펼쳐지는 태평양 해안도로의 멋진 풍경에 다들 '와~!' 하는 탄성을 약속이나 한 듯 쏟아낸다.

물론, 나의 감동은 남달랐다. 1년 동안 오매불망하던 바로 그 도로를, 그 음악을 들으면서 드라이빙하는 순간이었기 때문이다. 입가에 가득 머금은 미소와 함께, 책을 읽으며 궁금해 했던 작가의 느낌을 만끽하는 데 오감을 집중해보았다.

차창 너머로 들어오는 바닷바람, 바다 위를 유유히 날아가는 갈매기 떼, 해변에 즐비하게 주차되어 있는 서핑족 차량들. 어느 하나 대충 눈에 들어오는 것이 없었다.

산타마리아, 산타바바라, 책에서 읽었던 지명들의 간판들이 실제로 도로 주변에 하나하나 나오며 지나가는 것도 마냥 신기하기만 했다. 그렇게 1년간의 판타지가 현실이 되는 순간은 내 곁을 짧게 지나가고 있었지만, 그 순간이 앞으로의 내 인생에 얼마나 큰 변화로 연결될지 당시에는 짐작조차 하지 못했다.

    LA에 도착해 그곳에 살고 있는 현지 한국인을 만나 캘리포니아 해안도로를 달렸노라고 가소로운 무용담을 날렸더니, 그는 가볍게 웃으며 대답했다.

"아, 1번 도로 달리셨나 봐요. 거기 끝내주죠."

뭐? 1번 도로? 그건 뭐지? 내가 달린 건 101번 도로인데. 내가 궁금해 하는 표정을 짓자 그는 설명을 덧붙였다.

"아. 1번 도로로 내려 온 게 아니군요. 거기가 진짜 해안도로죠. 해안 절벽 위 도로를 구불구불 끝없이 달리는 도로예요. 거기에 비하면 벤투라 하이웨이 해안 구간은 정말 찰나에 불과하죠."

젠장, 그 찰나만으로도 무진장 행복했건만, 그런 도로가 끝없이 펼쳐진다니. 뒤늦게 인터넷을 두들겨 보니, 1번 해안도로와 관련된 정보들이 우르르하고 쏟아진다. 17마일이란 곳이 있었군. 빅서 Big Sur, 카멜 비치 Carmel Beach. 아 여긴 왜 이렇게 또 멋진 거야.

광활한 태평양과 푸른 하늘을 배경으로 깎아지른 절벽을 따라 뻗어 있는 왕복 2차선 도로. 그 위를 달리는 멋진 자동차들, 석양빛이 바다색과 함께 어우러지며 연출해 내는 도로변 노을 사진들. 나는 30분이 넘도록 1번 도로 관련 이미지들을 인터넷에서 미친 듯이 끄집어내며 감상했다. 그리고 그 이미지의 조각조각들은 1년 전 사무실 화이트보드에 그렸던 그림을 다시 덮어 쓰며 내 뇌리 한 편에 새로운 그림으로 똬리를 틀기 시작했다.

결국, 출장이 끝나고 한국으로 돌아오는 비행기 안에서 나는 다음 여행 계획을 머릿속으로 세우기 시작했다. 도중에 깜빡 잠이 들면 인터넷에서 본 이미지들이 곧장 꿈속 현실이 되어 나타나기도 했다. 그래, 다시 기회가 올 거야. 그때는 꼭 제대로 그 길을 달려보리라.

하지만, 그 순간에도 여전히 몰랐던 것은 새롭게 갖게 된 캘리포니아 1번 도로에 대한 꿈이, 그로부터 불과 2,000일 후에 찾아올 50일 간의 미국 일주 여정에 비하면 '찰나'에 불과한 소박한 꿈이었다는 사실이었다.

Episode 45

여정의 끝, 돌아가지 않기로 결정하다

다시 3년의 세월이 지난 2010년 9월.

나는 그 1번 도로를 달리기 위해 다시 한 번 샌프란시스코로 들어왔다. 그리고 이번엔 원 없이 내 맘대로 달려보기 위해 휴가도 길게 내고, 오픈카도 빌렸다.

    늦은 오후 샌프란시스코에서 101번 도로로 다시 빠져 나와 내려오다 1번 도로로 꺾이는 구간에 도달했다. 설레는 마음으로 1번 도로로 접어들어 30분 정도 달리니 마침내 해안이 보이기 시작했다. 3년 전에 잠시 만났다 헤어진 태평양 연안 도로의 첫 느낌. 이제부터 이 도로를 주구장창 내달릴 생각을 하니 행복한 충만감이 물밀듯 몰려왔다. 운전대 저편으로 저녁 태양 빛을 찬란하게 튕겨내고 있는 태평양을 바라보며 다시 30분 정도 달렸을까. 도로 앞쪽에 바닷가로 튀어 나온 언덕 위에

1번 도로에서 만난 풍경들

예쁜 집들이 오목조목 그림처럼 놓여 있는 모습의 해안마을 몬테레이 Monterey가 나타난다.

마을 외곽에 숙소를 잡고 해안가에 위치한 마을 중심부로 들어가 다운타운을 거닐며 곳곳에 세워진 이정표에 있는 마을에 얽힌 이야기들을 읽어보았다. 겉으로 보기엔 그저 평범한 어촌 마을이지만 미국 서부 개척 역사에서 독특하면서도 중요한 의미를 차지하는, 역사와 산업 그리고 문화가 함께 잘 어우러진 예쁜 마을임을 알게 되었다. 해변의 한 식당에서 때 이른 저녁을 먹고 나서 캐너리 로우 Canary Row를 돌아보다 마을 앞바다를 서서히 주홍빛으로 물들이는 석양을 바라보며 문득 이런 생각이 들었다.

'정말 평화롭다. 날씨도 좋고. 또 오고 싶다. 주변에 살면 자주 와 볼 수 있을 텐데.'

다음날 아침 일찍 몬테레이 마을을 떠나 남쪽에 있는 '17마일 드라이브'로 접어들었다. 얼마나 아름다운 길이기에 입장료를 9불이나 받을까 하는 불평어린 궁금증

17마일 드라이브 주변 풍경들

은 게이트를 들어선지 5분도 되지 않아 머릿속에서 바람과 함께 사라져 버렸다.

태평양이 눈앞에 펼쳐지는 초 근접 해안 풍경, 바닷가를 따라 무심히 놓여 있는 기암괴석들, 그 위에 잔뜩 모여 유유자적한 표정으로 관광객들을 물끄러미 구경하고 있는 커다랗고 뚱뚱한 갈매기들, 힘찬 바닷바람을 빗겨 바닥을 타고 자라나 있는 나무들, 그리고 이 절경 사이로 매끈하게 닦인 별장 전용 골프장까지. 그야말로 별천지다.

이곳에 사는 사람들은 도대체 어떤 사람들일까? 할리우드 배우들이나 유명 가수들이 여기에 멋진 별장을 하나씩 가지고 있다던데. 주민처럼 보이는 사람들의 모습도 간간이 눈에 띄었다. 개를 끌고 산책하는 사람들, 사이클링을 하는 사람들, 골프장에 간혹 보이는 골퍼들까지. 저들은 많이 행복할까? 여기에 별장을 살 수 있을 정도로 돈 벌 일은 없을 테니, 난 평생 알 수도 없겠지. 아니, 별로 알고 싶지도 않다. 너무 많은 돈은 'Mo' Money, Mo' Problem'돈이 많을수록 문제도 많다이라는 팝송 제목처럼 골치 거리다. 짧은 인생, 그리 골치 아프게 살고 싶지 않다.

다만, 이들이 누리는 푸른 하늘과 화창한 날씨만큼은 더할 나위 없이 부러웠다. 아이러니한 것은, 날씨는 가진 돈과 상관없이 캘리포니아 지역에 살기만 하면 누구나 누릴 수 있는 혜택이라는 점이다.

공기, 태양, 바람, 사랑……. 살면서 정말 필요하고 중요한 건 다 공짜다. 이것을 공짜로 맘껏 즐길 수 있다는 것 자체가 인생이 주는 큰 축복이다. 날씨도 그중 하나이고 하루하루의 기분에 영향을 많이 주는 요소지만 사실 우리가 어디에서 살지를 결정할 때 이 부분에 대한 고려는 별로 하지 않는다. 그냥, 내가 태어난 곳이기 때문에 또는 학교나 직장이 거기 있기 때문에 사는 것이고, 날씨는 단순히 거기에 따라오는 변수로 여긴다. 하지만, 나이가 들어감에 따라 날씨가 하루하루의 행복에 미치는 영향은 점점 더 커져간다.

사람마다 좋아하는 날씨도 제각각일 텐데, 만약 이것을 사람이 태어날 때 선택할 수 있다면 얼마나 좋을까. 비오는 회색 날씨를 좋아하는 사람은 시애틀에서 태어나고, 새하얀 눈과 얼음을 좋아하는 사람은 핀란드나 아이슬란드에서 태어나고, 변화무쌍한 사계절을 좋아하는 사람은 한국에서 태어나고. 이렇게 말이다. 그렇다면 삶이 좀 힘들더라도, 자기가 좋아하는 날씨에 하루하루 위로 받으며 좀 더 행복하게 살 수 있지 않을까.

쨍쨍한 태양이 비치는 건조한 날씨를 좋아하는 사람에게 꼭 태어나라고 빌어주고 싶은 곳이 바로 이곳 캘리포니아다. 그냥 미국이 아니다. 꼭 캘리포니아여야 한다. 플로리다의 태양도 쨍쨍하지만, 그곳은 습하고 비도 자주 온다. 캘리포니아만큼 덥지도 춥지도 않은, 맑고 쨍한 날씨가 1년 내내 계속되는 곳은 내가 달려본 미국 그 어디에도 없었다.

그리고 나는 그런 사람 중 하나로 태어났음이 분명하다. 새파란 하늘이 그렇게 좋을 수 없다. 모기 한 마리 없는 이곳의 선선한 여름밤이 좋고, 12월에도 선탠을 즐길 수 있는 겨울 한낮도 좋다. 3년 전 출장으로 이곳을 방문했을 때도 가장 인상적이고 기억에 남았던 것은 샌프란시스코의 금문교도 아니고 LA 할리우드 거리나 유니버설 스튜디오도 아닌, 구름 한 점 없는 새파란 하늘이었다. 그날 이후로는 한국에서 어떤 궂은 날씨를 만나도, 눈만 살짝 감으면 캘리포니아의 쨍한 태양과 짙푸른 하늘을 떠올릴 수 있었다. 그 정도로 이곳의 날씨는 단 한 번만의 만남으로 내 마음속에 그렇게 강렬히 각인되었다.

마침내 꿈에도 그리던 캘리포니아 1번 도로의 '빅서' 구간으로 접어들었다. 그리고 이 순간을 위해 그토록 아껴두었던 음악을 틀었다. 스피커가 찢어져라 최대치로 높인 볼륨이었지만 오픈카의 전방 유리창 너머로 쏟아 내리치며 내 온몸을 때리는 바람소리와 함께 적절한 밸런스로 믹싱 되며 완전히 새로운 버전의 음악으로 들려왔고, 그 메시지는 그 어느 때보다 증폭되어 내 삶을 온통 송두리째 흔들었다.

Shout, shout, let it all out
These are the things I can do without
Come on, I'm talking to you, Come on

소리쳐, 소리쳐, 그냥 다 내쏟아 버려
이것들 없어도 얼마든지 살 수 있잖아
그래, 바로 당신에게 하는 말이야

Tears For Fears
Songs From the Big Chair
Shout / 1985

그때 나는 깨달았다. 내가 이곳을 얼마나 그리워하게 될지를. 그리고 그 그리움이 나를 이곳으로 다시 부르는 날엔, 다시 돌아가지 않게 될지도 모른다는 것을.

푸른 하늘과 더욱 짙푸른 태평양을 경계로 끝없이 펼쳐지는 절벽 위 도로를 질주하며, 나는 내가 버려야 할 것들을 하나하나 머릿속에 떠올리기 시작했다. 달리면 달릴수록, 내가 버리지 못할 것은 하나도 없었다. 앞으로 내가 달리고 싶은 길, 추구하고 싶은 꿈, 만들고 싶은 음악들, 그리고 지금 이 순간 눈앞에 펼쳐지는 풍경보다 더 근사한 것은 없었기 때문이었다.

그렇게 하나씩 하나씩 버려가며 제3의 고향 캘리포니아 로스앤젤레스로 나는 돌아가고 있었다.

몬테레이 마을 이야기

샌프란시스코 남쪽으로부터 자동차로 약 2시간 정도 거리에 떨어져 있는 평화로운 어촌마을 몬테레이. 몬테레이 만 깊숙이 자리 잡은 이 마을의 앞바다는 분명 태평양인데 파도 하나 없는 게 마치 호수처럼 고요하다. 어촌으로서 천혜의 지형 조건을 갖춘 이곳은 1500년대 스페인계 정착민들이 처음 개발했다. 샌프란시스코나 LA보다 훨씬 더 일찍 도시로 발달했고, 한때는 미 서부 전역을 아우르는 산업, 행정의 중심지 역할을 할 정도로 번성했다고 한다. 하지만 지금은 그저 조그맣고 예쁘게 잘 가꾸어진 어촌 관광지 마을이다. 대체 무슨 일이 일어났던 걸까.

다운타운 거리로 들어가면 마을의 흥망성쇠를 대변해 주는 상징적 아이콘인 '몬테레이 통조림 회사 Monterey Canning Company 건물이 가장 먼저 눈에 들어온다.

초기 정착민들은 따뜻한 난류와 잔잔한 물살로 인한 꽁치, 연어, 정어리의 황금어장을 이곳에서 발견했다. 자리를 튼 후 물고기들을 포획해 부를 축적, 도시를 키워나가다, 1900년대 초반에 이곳에 정어리 캔 공장을 만들어 더 빨리, 더 멀리 물고기를 팔 수 있는 시스템을 구축했다. 포획 속도는 가속화

되고, 도시는 더욱 더 빠른 속도로 성장해 갔다.

빠른 포획 속도를 감당하지 못한 탓일까. 그물만 던지면 찢어질 새라 잡히던 물고기들이 갑자기 그 씨가 마르게 되었다. 순환계의 최상단점이 막혀버린 도시의 경제 시스템은 급속도로 붕괴되며 사람들은 도시를 떠나가기 시작했고, 가동이 중지된 생선 통조림 공장은 악취가 진동하는 애물단지로 전락했다. 1936년에는 급기야 대형 화재가 발생, 마을 전체가 폐허가 되며 역사의 뒤안길로 사라지기 직전 상태에 이르렀다.

그때 한줄기 희망의 빛처럼 등장한 이 지역 출신 소설가가 있었다. 바로 소설 《분노의 포도 The Grapes of Wrath》로 대박을 터뜨린 존 스타인벡 John Steinbeck. 그는 통조림 공장이 위치해 있는 거리 이름을 제목으로 한 《캐너리 로우 Cannery Row》라는 소설을 1945년에 출간했다. 몬테레이 지역에 고기가 더 이상 잡히지 않는 원인을 밝히려 이곳을 찾은 한 해양학자와 그 지역에서 나고 자란 가난한 술집 여인 간의 사랑을 그린 이 소설은 쇠퇴해 가는 도시에 스토리와 로맨스를 부여하며, 역사와 문학이 있는 관광 도시로 거듭 나는 동기를 제공했다. 소설이 널리 알려지며 정어리 통조림 공장을 포함한 역사적 건물들이 다시 복원되고 레스토랑들과 호텔들도 하나 둘 들어서더니, 1982년에 소설이 영화로 만들어지면서 더욱 더 많은 관광객들이 마을을 찾게 되었다.

다시 그로부터 30년이 지난 지금, 몬테레이는 수많은 요트와 해안가 레스토랑, 바닷가 석양을 감상할 수 있는 윈도우 뷰의 부티크 호텔들이 들어선 캘리포니아의 유서 깊은 관광 도시의 모습으로 많은 미국인들의 사랑을 받고 있다.

Episode 01

실패할 준비가
되어 있는가?

Steve _ Before we get started, does anyone want to get out?

스티브_ 시작하기 전에 묻겠는데, 누구 나가고 싶은 사람 있어?

Captain America 'The Winter Soldier' (2014)

"참 부럽습니다."

"뭐가요?"

"자기가 원하는 삶을 살 수 있는 게 말이죠. 대부분 여건이 안 돼서 그렇게 못 살잖아요."

"아 네, 그렇죠……."

사람들이 요즘 나에게 많이 하는 이야기다. 별로 친하지 않은 분이 인사치레로 이런 이야기를 할 때엔, 간단한 웃음으로 마무리하고 넘어가지만, 속으로는 많은 반론과 질문들이 치솟는 말이다. 친한 친구가 술자리에서 이런 이야기라도 꺼냈다가는 그날 술자리가 2차, 3차로 이어지기 십상인 그런 좋은 안줏거리.

정말 여건이 안 되는 걸까? 인간이란 정말 하고 싶은 일이 있으면 여건이 안 되더라도, 혹은 없는 여건을 억지로 만들어서라도 기필코 하고야 마는 동물이다. 가기 싫은 술자리가 있으면 집에서 잘 놀고 있는 멀쩡한 아기를 갑자기 아프게 만들기도 하고, 반대로 정말 가고 싶은 술자리가 있으면 친구 부모님 상을 갑자기 만들어서라도 가고야 만다. 이런 능력을 가진 인간이 보통 '여건이 안 되어서'라고 이야기 할 때는, 대부분 '여건을 만들어서라도 하고 싶은 일이 아닌' 경우일 것이다. 물론 정말 여건이 안 되는 경우도 있겠지만, 이건 그런 사람들 이야기가 아닌 당신 이야기다. 당신은 정말, 진정으로 여건이 안 되는가?

그리고 '정말 여건이 안 되는 사람들'에 대해서도 할 말이 있다. 애초에 자기가 진정으로 하고 싶은 일이 있고, 처음부터 너무나도 간절했다면, 과연 그 일을 할 수 없는 상황으로 흘러가도록 가만히 놔두었을까? 결국 하루하루 그냥 살다가 어느 날 문득 돌아보니 이미 내가 원하는 삶을 살 수 없는 상황이 되었다는 이야기인데, 이는 뒤집어 보면 자신이 '하고 싶은 일'과 '살고 싶은 삶'에 대한 열망이 그만큼 강

하지 않았다는 것일지도 모른다.

좀 더 잔인하게 꼬집어보자. 애초에 '하고 싶은 일'과 '살고 싶은 삶'이 무엇인지에 대해 진지하게 고민해 보았는가? 단순히 영화 한 번 보고, 책 한 권 읽고 충동적으로 잠시 가졌다 잊는 그런 막연한 희망사항이 아니라, 자신을 삶을 지속적으로 불태워 가며 어떻게 해서든지 그 일을 할 수 있는 '여건'을 만들겠다는 강렬한 소망과 꿈이 서린 진지한 고민 말이다.

좀 더 가까운 친구들은 내게 말한다.

"왜 그 좋은 직장을, 그것도 한창 잘 나갈 때 관둔 거야? 10년은 더 다니며 하고 싶은 일이 뭔지 좀 더 생각해보고 준비하면서, 더 좋은 여건을 만든 후에 시작할 수도 있었을 텐데. 너무 무모한 거 아냐?"

이 역시 나에겐 딱 좋은 시빗거리다. 얼핏 들으면 맞는 말인 것도 같지만, 여기엔 큰 함정이 있다. 오히려 좋은 직장에서 나름 안정적인 지위에 오른 30대 후반, 혹은 40대 초반의 친구들이 회사를 계속해서 10년 동안 더 다닐 생각을 한다는 것 자체가 내 눈엔 훨씬 더 무모해 보인다. 남 이야기가 아니다. 불과 수년 전 나 자신에게 했던 말이다.

'돈을 더 모으고, 좋은 여건을 만든 다음 하고 싶은 일을 찾아서 해 본다?'

순서가 틀렸다. 틀려도 한참 틀리고 늦어도 한참 늦은 이야기이다. 하고 싶은 일을 찾는 것이 먼저다. 그러고 나서 그 일을 계속해서 할 수 있는 여건을 만들어 나가야 한다.

단언컨대 진정 하고 싶은 일을 찾는 것이야말로 한 번 사는 인생에 있어 가장 중요하면서도 그만큼 풀기 어려운 문제다. 그렇게 어려운 문제이기에 한 살이라도 더 어릴 때 그 일을 찾는 게 유리하다. 왜냐하면 하고 싶은 일을 찾는 것 못지않게 어려운 일이 그 일을 계속 하면서 살 수 있는 여건을 만드는 것인데, 그것은 상당히 많은 시간을 필요로 하기 때문이다. 하고 싶은 일을 찾았다면, 이번에는 그 일이 정말 내가 평생을 걸고 하고 싶은 일인지에 대한 확신을 가질 때까지 반복, 검증해 보아야 한다. 그리고 검증이 끝나는 즉시 그 일을 하며 살 수 있는 여건을 만드는 일에 착수해야 한다.

다만, 하고 싶은 일이 아닌 다른 일을 하면서 10년이라는 기간으로 그 여건을 만들기란 쉬운 일이 아니다. 현실적으로 준비할 수 있는 거라곤 월급통장에 쌓이는 잔고 정도일 텐데, 그건 여건을 만드는 데에 필요한 극히 일부분에 불과하다. 휘발유가 아무리 많으면 뭐하겠는가? 어디로 가야할지 모르는데. 이리저리 갈팡질팡 돌아다니다 보면 기름은 금세 다 떨어지게 마련이다. 어디로 가야할지에 대한 고민 또한 회식과 스트레스로 찌든 일과 속에서 남는 시간을 활용해 할 수 있는 만만한 일이 아니다. 그럴 수 있다고 생각하는 게 내겐 훨씬 더 무모해 보인다.

그렇게 회사를 10년 더 다니고, 돈을 더 모아서……. 그 다음엔 어떻게 할 텐가? 보통 가장 만만하게 하는 이야기로 예를 들어보자.

"퇴직금이나 연금 받아서 식당이나 차리고, 자유롭게 여행도 다니고."

식당이나 차리고? 얼마나 식당 업계를 우습게 보는 이야기인가. 5천 만 인구의 대한민국 좁은 땅덩어리에 등록된 식당만 무려 50만 개가 넘는다. 그중에서 월세와 운영비를 훨씬 웃도는 매출로 식당 주인이 '별 걱정 없이 여행이나 다닐 수 있을 정도'로 운영되고 있는 식당이 과연 몇 개나 될까? 게다가 그나마 몇 안 되는 성공한 식당의 사장님들도 대부분 꽤 오랫동안 그 분야에서 산전수전 겪으신 분들일 것이다. 어느 분야든 남의 지갑을 기꺼이 열게 할 수 있을 정도의 경지에 오르려면 최소 10년은 걸린다고 하는데, 경쟁 치열한 식당 업계야 오죽하겠는가. 주변에 식당이 많이 보인다고, 나도 쉽게 할 수 있을 것 같다는 생각은 큰 착각이다. 많이 보이는 만큼 쉽게 뛰어드는 사람들도 많고 그만큼 경쟁도 치열하다.

중년이 넘어 회사를 나와 퇴직금 전부를 걸고 사업에 뛰어들었다가 실패한 이야기는 주변에서 흔히 보는 스토리이고, 대부분의 직장인들이 머지않은 미래에 맞닥뜨리게 될 현실이다. 미디어나 언론이 성공 사례만 부각시키다 보니 다들 성공하는 것 같지만, 퇴직 후 새롭게 뛰어든 사업에서 단번에 성공하는 건 판타지에 가깝다.

그래, 다들 실패한다. 그게 뭐가 문제인가? 문제는 그 다음이다. 실패가 당연히 인생의 끝은 아니다. 드라마나 영화처럼 실패, 성공, 이렇게 한 번으로 결론 나고 끝나는 게 인생이 아니지 않는가. 어쨌거나 삶은 이어진다.

실패 이후에는 두 가지 갈림길이 나타난다. 그 일을 계속 시도할 것인가? 아니면 또 다른 일, 사업을 찾아서 다시 시도해 볼 것인가? 학습효과를 생각해 볼 때 하던 일을 계속 하는 편이 다음에 성공할 확률이 조금 더 높겠다. 그렇다면 그 일에 다시 도전하는 것이 맞을 텐데, 한 번 실패한 일을 다시 시도해 보고 싶을까? 그 일 자체에 대한 대단한 열정과 사명감이 있지 않은 한 말이다.

나보고 무모한 결정이 아니었냐는 친구에게 되묻고 싶은 이야기는 바로 이것이다.

"너는 10년 후에 몇 번이고 다시 실패할 준비가 더 잘 되어 있을 것 같니?"

실패를 여유 있게 받아들이기 위해서는 물론 충분한 자금이 필요하다. 하지만 그보다 훨씬 더 중요한 조건은 바로 몇 번이고 실패해도 열정을 잃지 않고 계속 도전해 보고 싶은 일을 찾는 것, 그리고 그 실패를 통해 받게 될 스트레스에도 무너지지 않을 체력과 정신력을 갖추는 것이다.

이 두 가지 모두 나이가 들어감에 따라 점점 더 불리하게 된다. 회사 생활이 길어질수록 체력은 점점 더 나빠지고, 몸은 무거워질 대로 무거워지고, 새로운 일을 시도해 볼 용기도 점점 더 줄어든다. 즉, 한 번의 실패만으로도 다시 일어서기 힘든, 점점 더 '무모한' 상태가 되어가는 것이다.

Episode 02

할리우드에서 성공하려면

"When their souls get to the entrance of the heaven,
the God asks them two questions.
Have you found joy in your life?
Has your life brought joy to others?"

　　"영혼이 천국 입구에 도달했을 때,
　　신은 두 가지 질문을 던진다고 하지.
　　삶의 즐거움을 발견하였는가?
　　다른 이들에게 즐거움을 주는 삶을 살았는가?"

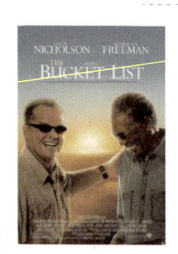

bucket list(2007)

실패를 전제로 한 도전은 50대보다는 40대, 40대보다는 30대, 그보다는 20대에 시작하는 것이 훨씬 더 유리하다. 성공한 사람들의 자서전을 보면서 부러워해야 하는 부분은 그들이 결과적으로 가지게 된 부와 명성이 아니라, 거듭 되는 실패에도 굴하지 않고 지치지 않는 열정으로 계속 도전할 수 있는 일을 비교적 젊은 나이에 발견했다는 점일 것이다.

젊어서부터 자기가 진짜 하고 싶은 일이 뭔지 찾은 사람들의 인생 스토리는 많이 다르다. 많은 사람들에게 회자되는 유명한 사람들 이야기만은 아니다. 그것이 당구가 되었건, 컴퓨터 게임이 되었건, 자동차를 정비하는 일이 되었건, 그 분야에 나름 달인이 되어 다른 사람들의 인정을 받고, 그 일을 평생 하면서 살아갈 수 있는 기반을 만든 사람들 이야기이다. 이런 사람들이 달인이 되는 과정엔 당연히 오랜 기간에 걸친 수많은 시행착오와 실패가 있다. 재능이란 그런 과정에서 다져지는 기술이다.

할리우드에서 많이 하는 말이 있다.

'이곳에서 성공하려면 재능은 기본, 나머지는 성공할 때까지 계속해서 실패할 수 있는 지구력에 달렸다.'

할리우드에는 세계 각지에서 풍운의 꿈을 안고 몰려드는 실력 있는 젊은 아티스트들로 항상 넘쳐난다. 수려한 미모에, 놀라운 기타 솜씨에, 끝내주는 가창력까지. 도대체 어느 하나 빠지는 것이 없는 친구들이 그야말로 여기 저기 널려 있다. 하지만, 대부분은 자신의 꿈을 이루지 못한 채, 얼마 지나지 않아 다시 자신이 왔던 곳으로 되돌아간다.

처음에는 할리우드에 왔다는 흥분 자체로 인해 엄청난 에너지를 발휘한다. 매일 주말 파티에 참석해 많은 친구를 만들고, 그곳에서 자신의 실력을 뽐내며 비슷한 친구들을 모아 함께 밴드를 결성한다. 제 2의 이글즈 Eagles나 건즈 앤 로지즈 Guns & Roses를 꿈꾸며.

그들은 엄청난 에너지로 창작곡들을 마구 만들고, 그 곡들을 사람들에게 들려주고 싶어서 적지 않은 자비를 들여가며 할리우드 주변의 클럽에서 공연을 열고 친구들을 초청한다. 그렇게 하기만 하면 온 세상이 자신의 음악에 열광할 것 같은 기세다. 하지만, 첫 공연에 별 반응이 없다. 페이스북에 공연 장면을 올리고, 연락처를 남겨 봐도 친한 친구들의 찬사와 수십 개의 '좋아요'만 남을 뿐. 기획사나 음반 회사에서 전화가 오거나 하지는 않는다.

한 번 공연으로는 부족한가 싶어 몇 번 더 해 본다. 하지만, 한두 번 왔던 친구들이 계속해서 와줄 리가 만무하다. 정말 친하고 재능 있는 친구의 공연이라 할지라도, 카메라를 들고 따라다니는 가족이 아닌 다음에야 같은 내용의 공연을 가주는 것에는 한계가 있다. 나도 친한 친구들의 공연을 몇 번 가준 적이 있는데, 아무리 친해도 세 번 정도가 한계였다. 당연히 공연장을 찾는 관객은 점점 줄어든다. 그 과정에서 돈을 버는 사람은 이미 많은 공연 표를 젊은 뮤지션에게 떠넘긴 공연장 주인뿐. 가지고 온 돈은 바닥나는데 여전히 아무 일도 일어나지 않는다. 1년 정도 버틴 후 친구들이 열어주는 페어웰 파티를 마지막으로 고향으로 향한다.

그렇게 수많은 재능 있는 뮤지션들이 희망이라는 약에 취해 이곳 할리우드를 찾고, 그 약 기운으로 짧은 기간 열정을 불사르다 이내 실망하고 돌아간다. 영화나 연극, 뮤지컬 쪽도 별반 다르지 않다. 스타를 꿈꾸며 찾아오는 재능 있는 젊은 영혼들의 꿈과 열정을 빨아먹고 사는 생태계가 바로 이곳 할리우드의 실체다.

이러한 할리우드 생태계에서 성공하는, 그리고 성공한 뒤에도 롱런하며 진정한 아티스트로 계속 살아남는 이들의 삶 속에는 어떻게 이곳에서 성공할 때까지 버텨왔는가에 대한 치열한 스토리들이 있다.

요즘 웬만한 할리우드 영화에 감초처럼 등장하는 '현인' 역할 전문 배우 모건 프리먼. 연기를 하겠다고 20대 초반에 고향인 멤피스를 떠나 할리우드로 건너온 후, 50살이 되어서야 〈스트리트 스마트〉[1987]라는 영화를 통해 아카데미 남우조연상

후보에 오르며 무명생활을 청산하게 된다. 그로부터 다시 30년이 지난 지금까지도 그는 수많은 할리우드 영화 속에 등장해 멋진 연기로 건재함을 과시하며 많은 팬들과 배우들의 사랑과 존경을 한몸에 받고 있다.

몇 줄로 간단히 정리가 되는, 흔히 볼 수 있는 할리우드 성공 스토리. 하지만 좀 더 파고들어가 상상해 보자. 꽃다운 20대 청년일 때 배우가 되겠다고 혈혈단신으로 낯선 도시에 뛰어들었다. 그리고 30년 동안 무명 배우로, 생계를 유지하기 어려운 홈리스에 가까운 삶을 살게 된다. 하루하루 눈을 뜨고 늙어가는 거울 속 자신의 모습을 바라보면서 언제까지 이렇게 살아야 하나. 이게 맞는 길인가? 아마도 날마다 끊임없이 자신과의 싸움을 계속해 왔을 것이다. 그런 하루하루를 1년, 10년도 아닌 30년 동안 지내왔다는 이야기다. 30년이면 1만 일이 넘는다. 만 번이 넘게 눈을 뜨고 아무 일도 일어나지 않는 힘든 하루를 맞이하며 생존과 꿈의 경계에서 허덕거리며 버텨왔다는 것.

그가 그렇게 끔찍하리만큼 긴 시간 동안, 자기와의 싸움을 계속할 수 있었던 힘은 어디서 왔을까? 그건 의심할 여지도 없이 연기 자체에 대한 열정이었을 것이다. 연기가 너무나 즐겁고 그것을 더 잘 해보고 싶다는 열정이 그에게 가득 차 있지 않았다면, 아무 것도 보장받을 수 없는 상태에서 자신과의 긴긴 싸움을 이겨낼 수 없었을 것이다. 모건 프리먼의 연기자로서의 재능은 오래전부터 이미 갖춰져 있었다. 한 분야에서 10년 이상 같은 일에 전념한다면, 웬만한 수준 이상의 재능을 가질 수밖에 없다. 그것은 한 분야에서 진정한 성공을 누리는 사람들에게는 의심할 여지없이 존재하는 기본이다. 하지만 그는 그 기본을 갖추고도 성공이 그를 찾아오기까지 몇 십 년을 더 기다려야 했다.

이 늦깎이 배우가 그 이후에도 계속해서 롱런하며 연기의 원숙미를 더해갈 수 있었던 것 또한 결국 그의 연기에 대한 순수한 열정의 반증이라 할 수 있다. 성공을 통해 많은 부와 명성을 얻었지만, 그는 계속 연기를 한다. 단지 이제는 그가 원하는 연기를 좀 더 좋은 여건에서, 좋은 영화 세트장에서, 좋은 감독과 배우들과 함께 할 수 있는 차이일 뿐, 그가 하는 일의 본질에는 변함이 없다. 카메라 앞에서 최고의 연기를 보이기 위해 노력하는 것.

　30년 가까이 쥐꼬리만 한 보수에, 쓰레기 같은 각본에, 초라한 세트장에서 어떤 배역이든 마다하지 않으며 혼신을 다해 연기를 해 왔기에, 그가 성공하고 나서 마침내 만난 제대로 된 환경들에 대해 얼마나 감사한 마음을 가지게 되었을지, 그리고 얼마나 행복해 했을지 충분히 상상해 볼 수 있다. 이런 순수한 열정이 있었기에 팔순에 가까운 나이에도 불구하고 그의 연기자로서의 눈매는 더욱 더 빛나고, 존재감은 더욱 더 거대해지는 것이다.

　이와는 달리 별다른 실패의 과정 없이 젊은 나이에 하루아침에 스타덤에 올랐다 성공이 가져다주는 부와 명성의 타락적인 속성에 탐닉하며 곧장 나락으로 빠져드는 다른 배우들의 이야기 또한 할리우드에서 흔히 만날 수 있는 또 다른 류의 스타 스토리다. 둘 다 성공담이지만 결론은 많이 다르다. 이는 아마도 연기라는 일 자체에 대한 순수한 열정의 차이 때문일 것이다.

　많은 사람들이 행복을 인생의 모토로 잡고 그 전제 조건을 성공으로 연결시킨다. 그리고 미디어는 성공한 이들의 부와 명성에만 스포트라이트를 비추며 마치 그것이 행복의 정점인 것처럼 치장한다. 이에 대해 모건 프리먼이 남긴 멋진 한 마디가 있다.

"성공이 가져다주는 부와 명성이 인생의 목표인 사람들은 평생 성공하지 못하는 편이 오히려 훨씬 더 다행일 수 있다. 그런 이들은 목표에 도달하기까지는 치열하고 건강한 삶을 살지만, 일단 목표가 달성된 후 그들 인생에 남은 것이라고는 그 부와 명성을 유지하기 위해 발버둥 치는 일밖에 없다. 이는 몹시 치졸하고, 초조하며, 정신불안에 걸리기 쉬운 인생의 매우 불행한 단계이며, 이후 그들에게 남는 인생은 내리막뿐이다."

행복의 전제 조건은 결코 성공이 아니라는 이야기다. 그냥 자기가 하고 싶은 일을 계속해서 열심히 해 나가는 삶을 사는 사람들에게 성공이란, 하늘이 운을 베풀 때 만날 수 있는 또 하나의 과정이자 그 일을 더 잘 할 수 있는 여건을 가져다주는 감사한 선물에 불과하다. 성공 자체를 좇기보다는 몇 번이고 실패하더라도 굴하지 않고, 그 일을 하는 과정을 즐기며, 스스로 만족스러운 수준까지 그 일을 잘할 수 있게 될 때까지 계속해서 해보고 싶은 일을 찾는 것이 행복의 출발점이다. 그 일을 계속 하다보면 성공을 만날 확률은 점점 더 커지고, 설사 크게 성공하지 못하더라도 그 일을 계속 할 수 있는 여건을 유지하는 한 그 사람의 인생은 행복할 수 있다. 그 사람들이 누리는 행복은 그 일의 성공적 결과만이 아닌, 그 일 자체를 잘하는 데에 있기 때문이다. 결국 인생에서 가장 중요한 일은 나에게 바로 그런 일이 무엇인가를 찾는 것이다. 그것이 새 삶을 사는 출발점이 되어야 한다.

Episode 03

당신도 곧
떠나게 될 것이다.

"*Wandering around our America
has changed me more than I thought.
I am not me any more.
At least I'm not the same me I was.*"

　　"아메리카 대륙을 돌아본 일은
　　생각 이상으로 나를 변화시켰다.
　　나는 더 이상 내가 아니다.
　　적어도 이전의 나와는 다르게 되었다."

Motorcycle Diaries(2004)

일장춘몽과 같은 50일 간의 로드 트립이 끝난 지 1년이 훨씬 넘었다. 하지만, 나는 여전히 로드 트립 중이다. 그 여행 이후로 내 삶의 방식은 완전히 바뀌었다.

로드 트립을 떠난 과정을 잠시 돌이켜 보면 다음과 같다.

우선, 완전 혼자가 되었다. 그리고 내가 하고 싶은 일에 대한 그림을 그렸다. 최대한 고민해서 내가 만족할 때까지 그린 다음, 이것을 하겠노라고 선언했다. SNS에도 올리고, 주변에도 내가 이 일을 계획하고 있다고 알렸다. 그랬더니 같이 하겠다는 사람이 나타나고, 성원하며 도움을 주겠다는 사람도 나타났다. 용기를 얻어 길을 떠났다. 계획대로 된 일도 있고 그렇지 않은 일도 있었지만, 그것 모두 여정의 일부분으로 받아들였다.

낯설고 복잡한 곳에 들어설 때면, 그곳에 적혀 있는, 혹은 주변 사람이 주는 시그널이 뭔지에 집중했다. 그 하나하나를 살펴보고 순리대로 따르는 것을 마치 '퀘스트 게임'처럼 즐겼다. 그 과정에서 많은 일을 겪고, 많은 것을 보며 느끼고, 많은 사람들을 만났다. 나에게 도움을 준 사람도 있고, 내가 도움을 준 사람도 있었다. 내 이야기를 듣고 싶어 하는 사람에겐 밤을 새워 내 이야기를 해주고, 흥미로운 이야기를 꺼내는 사람의 말은 열심히 경청했다. 그리고 다시 운전대를 잡고 길 위에서 혼자가 되면 그 사건들과 이야기들로 인해 새롭게 드는 생각에 깊이 빠져 몰두했다. 그럴 때마다 나의 그림은 조금씩 달라져갔다.

지금의 삶도 크게 다르지 않다. 바뀌는 것이라고는 계속 변하는 '새로운 그림' 뿐이다. 내가 하고자 하는 프로젝트를 명확히 선언하고 그것을 위해 로고도 만들고 트레이드마크로 등록까지 했다. 그리고 주변 사람들에게 이런 일을 하겠다고 이야기를 하고 다닌다. 꼭 파트너를 찾기 위해서라기보다는 그냥 이 일에 흥미로워할 것 같은 사람이 보이거나 나에 대해 걱정하거나 궁금해 하는 사람들을 만날 때 자연스럽게 이야기가 나온다. 그때 마침 그 사람이 일의 내용에 대해 관심을 보이면

할리우드에서의 공연

    대화는 질문으로 연결되고 이야기는 자연스럽게 길어진다. 이런 대화는 시간이 아무리 오래 걸려도 전혀 지겹지가 않다.

    일에 대한 배경이나 자본을 거창하게 부풀려 이야기할 필요는 없다. 나를 거창하게 포장할수록 다른 의도를 가진 사람들이 꼬인다. 그런 사람들은 내 이야기를 듣기보다는 보통 자기 이야기를 더 많이 한다. 프로젝트 자체에 대한 관심보다는 자기가 원하는 것에 더 많은 관심을 표한다. 이런 부류의 사람들을 가려내기는 매우 쉽다. 보통 이런 경우는 돈 이야기가 먼저 나오고 계약서부터 내밀게 된다. 이런 대화는 이내 지겨워지며, 이야기를 길게 나누는 것 자체가 시간 낭비라는 생각이 든다.

    물론 이런 관계도 다 여정 상 필요한 만남들이다. 단지 짧은 대화를 통해 그가 원하는 것과 내가 원하는 것을 확인해 보고, 일치하는 경우 주고받고 아니면 곧장 서로에게 행운을 빌며 헤어지면 된다. 그 사람의 가치관과 하는 일을 평가하거나, 그 사람의 인생에 대해 참견할 이유는 없다. 거래 관계란 그런 것이다. 서로에 대해

피차 시간 낭비, 감정 낭비할 필요도 없고 그럴 시간도 없다. 자기 목표가 분명해진 사람은 더욱 그렇게 느낀다.

그렇지 않은 사람들. 즉 나의 프로젝트 자체에 관심이 있는 사람들은 질문을 많이 한다. 그리고 대가를 바라기 이전에 뭔가 함께 할 수 있는 게 없을지를 먼저 고민한다. 그 일을 하는 것 자체가 최고의 관심사이자 즐거움이기 때문이다. 그런 사람과의 대화는 길어지고 깊어진다. 이야기를 통해 스파크가 튀고, 내가 생각지도 못했던, 아니 하고 싶었지만 어찌 할지 몰랐던 일들이 길을 스스로 찾아내며 실행되기 시작한다. 지난 1년 반 동안 이렇게 만난 사람들을 통해 홍대에서 단독 콘서트도 열 수 있었고, 첫 번째 프로젝트 앨범도 제작하게 되었고, 생각지도 않았던 책까지 쓰게 되었다. 그 어느 것도 온전히 나 하나의 생각과 계획만으로 이루어진 것이 없다. 어디선가 나타난 도움, 같은 꿈을 가진 동료들과의 만남이 없었으면 실현 불가능했던 일이다. 이런 도움들을 만나기 위해 먼저 해야 하는 일은 내가 하고자 하는 일과 나의 아이덴티티를 먼저 분명히 선언하는 것이다. 그러면 비슷한 꿈을 가진 종족들이 모여든다. 그렇게 비슷한 꿈을 꾸는 종족들은 서로를 돕기 마련이다. 자기 자신의 이익보다는 그 꿈 자체가 실현되는 것을 보고 싶어 하기 때문이다.

이렇게 새롭게 이루어지는 사건들은 나의 그림을 빠른 속도로 고쳐 그리며 새로운 그림을 만들어낸다. 그림이 다 그려지면 또다시 처음으로 돌아간다. 그걸 선언하고, 주변에 이야기하고…….

출발점은 홀로 되어야 한다는 것이다. 홀로 되기 위해서는 조직을 떠나야 한다. 내 것이 아닌데 내 것으로 착각하는 모든 것을 버려야 한다. 그 모든 걸 버리고 돌아올 여지없이 떠나면 그제야 조금 보인다. 내가 뭘 혼자 할 수 있고, 뭘 혼자 할 수 없는지. 그것을 깨닫는 과정은 무척이나 외롭고 힘들다. 아무도 나에게 일어나라고 강요하지 않고 시계 알람을 해놓지 않아도 되는 매일 매일을 맞이한다는 건, 생각보다 훨씬 고통스러운 일이다. 그럴 때 나를 스스로 채찍질해서 오늘이라는 하루를

 가치 있게 만드는 것은 내가 하고 싶은 일에 대한 명확한 그림, 오직 그것뿐이다. 그걸 먼저 찾아야 한다. 아니 그걸 찾기 위해서라도 떠나봐야 한다.
 얼마나 힘든지 궁금한가? 별로 궁금해 할 필요 없다. 당신에게도 곧 그 순간이 찾아온다. 얼마나 남았다고 생각하는가? 5년? 10년? 중요한 건, 그때가 언제 오느냐가 아니라, 당신이 얼마나 준비되어 있느냐의 문제다. 그 준비는 돈 만이 아니다. 돈은 지극히 일부다. 계획도 중요하지 않다. 어차피 계획대로 되는 건 하나도 없다. 그보다 훨씬 더 중요한 준비는 건강한 정신과 체력, 그리고 계속되는 실패에도

영혼을 불사르며 지치지 않을, 그런 생각만 해도 가슴 떨리는 당신만의 '하고 싶은 일'에 대한 그림을 찾는 것이다. 그것 없이는 출발과 동시에 보기 좋게 길을 잃기 십상이다. 인생은 어차피 홀로 떠나는 '로드 트립'이었다는 사실에 새삼스럽게 직면하고서 말이다.

당신의 로드 트립에 행운을 빈다.

EPILOGUE

"캘리포니아에서는 여유가 있어서 그런지 조금 외로움을 탔죠. 하지만 고독은 창의적인 사고를 가능케 합니다."

'집 없는 억만장자' 니콜라스 베르그루엔

1970년 중반에 결성되어 10년 동안 10장의 프로젝트 앨범을 내며 팝 음악계에 굵은 족적을 남긴 프로젝트 밴드가 있습니다. 국내에도 'Eye In the Sky', 'Time'등의 히트곡으로 그 이름이 알려져 있는 '알란파슨스 프로젝트 Alan Parsons Project'라는 밴드 이야기인데요. 가수가 아닌 프로듀서가 중심이 되어 음악을 만들고 앨범이 나오는 10년 동안 라이브 공연 한 번도 하지 않은 채, 라디오를 통해 알려진 음악만으로 수많은 팬들의 사랑과 뮤지션들의 존경을 받아왔던 전설의 프로젝트 그룹이지요. 발표하는 앨범마다 다루기 쉽지 않은 삶에 대한 심오한 메시지들을 주제로 한 음악들을 담았고, 그 노래들의 가사는 대부분 의미가 여러 버전으로 해석되며 논란을 일으킬 정도로 깊고도 어렵습니다.

꼭 그만큼 심오하고 깊은 메시지의 음악을 만들려는 건 아니지만, 그들이 음악을 만들어낸 형식에 착안하여 '지훈아울즈 프로젝트'를 시작했습니다. 이 프로젝트의 목표는 취지에 공감하는 여러 친구들과 함께 힘을 합쳐 좋은 음악을 만들고자 하는 것이고요. 이 프로젝트가 추구하는 좋은 음악이란 인간의 삶과 영혼에 대한 치유와 각성의 메시지가 있는 노래입니다. 음악이 주는 치유의 힘은 반드시 요즘 대두되고 있는 '힐링'이란 단어로 대변되는 명상과 위로의 방식으로만 온다고 생각하지 않습니다. 음악 자체가 삶을 노래하는 것이기에 인생에 대한 지혜와 통찰력이 있는 메시지라면 그 음악을 듣는 사람에게 어떠한 방식으로든지 긍정적인 에너지로 작용할 것이라는 믿음이 있습니다. 음악만큼 그렇게 짧은 문장들만으로도 사람의 마음을 교묘하고 강력하게 사로잡을 수 있는 언어가 또 있을까요.

그러한 지혜와 통찰력이 담긴 메시지는 사람들 사이에서 단절과 분열을 선동하거나, 그리고 거짓된 유혹으로 인간에게 내재되어 있는 동물적 본성을 자극하는 내용보다는 인간의 또 다른 한편에 내재되어 있다고 믿는 신의 속성, 즉 선한 꿈을 꾸며 그를 이루고자 하는 믿음과 의지로 주변의 다른 이들과 소통하고 힘을 합쳐 그 꿈을 함께 이루고자 하는 본성을 일깨우는 내용들에 가깝다고 생각합니다. 전자는 사람을 정욕과 파멸의 종국으로 이끌지만, 후자는 죽어가는 사람의 영혼에 희망과 생명을 불어넣는다고 믿기 때문입니다.

쉬운 이야기는 아니지만 어려운 만큼 남은 인생을 걸고 해볼 만한 작업이라 여기고, 첫 단추를 끼워보았습니다. 첫 이야기는 그런 의미에서 '꿈을 찾아 떠나라'는 내용입니다. 그러한 메시지를 실천하고 삶의 스토리를 스스로 만들기 위해 직장을 떠나 로드 트립에 나섰고 그런 내용으로 음악도 만들고, 그러다 보니 감사하게도 취지에 공감하시는 분들을 만나, 그 분들의 도움으로 이렇게 뜻하

EPILOGUE

지 않던 책까지 쓸 수 있게 되었습니다.

두려움 많았던 어린 시절, 혹은 힘든 직장 생활 속에서 음악과 책을 통해 위로 받고 꿈을 이어나갈 수 있었던 것처럼, 이 프로젝트가 만드는 노래와 글이 다른 누군가에게 그런 메시지가 될 수 있도록, 없는 실력에 혼신의 힘을 기울여 쓰고 만들고 했지만, 정작 이 과정을 통해 가장 많이 치유 받고 앞으로 나아가야 할 삶의 방향에 대한 많은 영감을 받은 것은 저 자신인 것 같습니다. 덕분에 앞으로 펼쳐 나가야 할 이야기의 스토리가 더욱 정리되고, 떠나야 할 여행의 다음 목적지도 보다 명확해졌습니다.

현재 저의 관심은 온통 다음 단계의 메시지, '그러면, 그 꿈을 어떻게 찾을 건데?'라고 하는 데에 가 있는데요. 이제 정리를 시작해야 하는 단계지만, 어렴풋한 힌트는 있습니다. 그건 사람마다 각자 가지고 있는 어린 시절의 추억 속 어딘가에 존재하는 두려운 기억들, 그리고 그것을 극복하는 과정에서 체험한 생명의 빛과 같은 느낌에서 찾아야 하는 것이 아닐까 하는 생각이지요. 혹자는 돈을 버는 걸 좋아하고, 또 누구는 남을 가르치는 걸 좋아하고, 누군가는 병을 고치거나 남을 위험에서 구하는 일을 좋아하고. 이러한 저마다를 이끄는 강렬한 소명 같은 일들은 다 그런 개개인의 인생사 어딘가에 존재하는, 자신의 기억 속 깊이 존재하는 무언가에 대한 두려움을 극복하는 체험으로부터 발현된 것이라는 가설입니다. 결국 제가 이렇게 음악을 시작하게 된 것도 마찬가지의 히스토리가 있

고, 아마도 그것이 다음에 하고자 하는 로드 트립 이야기의 출발점이 되지 않을까 싶습니다.

다음 로드 트립을 떠나기에 앞서, 여기까지 오는 여정에서 정말 기적처럼 나타나 믿을 수 없는 도움들을 주신 여러 친구들에게 감사의 말씀을 드리지 않을 수 없습니다. 이러한 꿈들을 언제나 성원하고 지원해 주는 내 인생 최고의 파트너, 사랑하는 아내. 그리고 언제나 격려와 염려의 기도를 아끼지 않는 부산과 제주도 가족들, 미국 일주 로드 트립을 추진하는 데에 있어 결정적 기름을 부어준 열혈남아 박찬종 님, 긴 여행길에서 긴 운전과 수많은 사진찍기를 함께 해 준 최영렬 님을 비롯한 여러 여행 친구들, 일일이 다 거론하기도 벅찬 여정 상에서 재워주시고 먹여주신 많은 지인 분들, 훌훌 털고 긴 여행을 떠날 수 있도록 많은 이삿짐과 저의 애마, 범블비를 기꺼이 맡아주신 홍석진, 고정범 님, 만나자마자 함께 꿈꾸는 평생 동지가 되어 책 출판에 결정적 도움을 주신 김수영 작가님, 그리고 온갖 내우외환을 무릅쓰고 조잡하기 그지없는 저의 글을 마침내 훌륭한 책으로 환생시켜 주신 RHK 고현진 부장님, 끝으로 앞으로의 여정에 많은 힘과 용기를 실어 주실 여러 프로젝트 후원자 분들과 이 책을 읽어주신 독자 여러분들께 깊은 감사의 말씀 드립니다.

지훈아울 JihoonOwl

미국을
달리다

초판 1쇄 2014년 12월 19일

지은이 양지훈

발행인 양원석
본부장 김재현
편집장 고현진
책임편집 고현진
디자인 김효정
해외저작권 황지현, 지소연
제작 문태일, 김수진
영업마케팅 김경만, 정재만, 곽희은, 임충진, 장현기, 김민수, 임우열,
윤기봉, 송기현, 우지연, 정미진, 윤선미, 이선미, 최경민

펴낸 곳 (주)알에이치코리아
주소 서울시 금천구 가산디지털2로 53 한라시그마밸리 20층
편집 문의 02-6443-8891 **구입 문의** 02-6443-8838
홈페이지 http://rhk.co.kr
등록 2004년 1월 15일 제 2-3726호

ⓒ 양지훈 2014

ISBN 978-89-255-5481-5

※ 이 책은 (주)알에이치코리아가 저작권자와의 계약에 따라 발행한 것이므로
　본사의 서면 동의 없이는 어떠한 형태나 수단으로도 이 책의 내용을 이용하지 못합니다.
※ 잘못된 책은 구입하신 서점에서 바꾸어 드립니다.
※ 책값은 뒤표지에 있습니다.

RHK 는 랜덤하우스코리아의 새 이름입니다.